30 anos do Real

30 anos do Real

Crônicas no calor do momento

Gustavo H. B. Franco (org.)
Pedro Malan
Edmar Bacha

R
HISTÓRIA REAL

© 2024 Gustavo H. B. Franco, Pedro Malan e Edmar Bacha

PREPARAÇÃO

Kathia Ferreira

REVISÃO
Eduardo Carneiro

DIAGRAMAÇÃO
Equatorium Design

DESIGN DE CAPA
Elisa Von Randow

CIP-BRASIL. CATALOGAÇÃO NA PUBLICAÇÃO
SINDICATO NACIONAL DOS EDITORES DE LIVROS, RJ

M197t

    Malan, Pedro, 1943-

        30 anos do Real : crônicas no calor do momento / Pedro Malan, Edmar Bacha ; organização Gustavo H. B. Franco. - 1. ed. - Rio de Janeiro : História Real, 2024.

    224 p. ; 21 cm.

    ISBN 978-65-87518-43-5

    1. Moedas brasileiras - Crônicas. 2. Real - Crônicas. 3. Crônicas brasileiras. I. Bacha, Edmar, 1942-. II. Franco, Gustavo H. B. III. Título.

CDD: 869.8
24-91290   CDU: 342.531.43(81)

Meri Gleice Rodrigues de Souza - Bibliotecária - CRB-7/6439

[2024]
Todos os direitos desta edição reservados a
História Real, um selo da Editora Intrínseca Ltda.
Av. das Américas, 500, bloco 12, sala 303
Barra da Tijuca, Rio de Janeiro - RJ
CEP 22640-904
Tel./Fax: (21) 3206-7400
www.historiareal.intrinseca.com.br

Para Fernando Henrique Cardoso

Nota

A ideia deste livro surgiu junto com o 30º ano do Real, mais precisamente quando dois dos autores puseram-se a escrever seus artigos mensais para *O Estado de S. Paulo* e *O Globo* em janeiro de 2024. Gustavo H. B. Franco e Pedro Malan assinam colunas regulares e trataram de muitos dos aniversários do Real. A ideia de reunir esses textos, a fim de proporcionar um novo ângulo para a jornada do Real, brotou, assim, já atrasada para sua publicação antes de 28 de fevereiro de 2024, aniversário de 30 anos da URV (Unidade Real de Valor), primeira etapa da reforma monetária. Foi com essa enorme pressão temporal que os autores conseguiram a adesão de Edmar Bacha, que teve a disponibilidade para adaptar seus escritos sobre o assunto ao espírito do livro. Assim se completou o núcleo carioca dos que estiveram presentes nas fases críticas de implementação do Plano Real. Muitos outros poderiam estar neste volume, pois, como é bem sabido, o Plano Real não era uma fórmula pronta, mas um processo que envolveu esforço e talento de um grupo imenso de colaboradores, tanto para os grandes temas arquitetônicos como para os incontáveis detalhes essenciais e operacionais. Cada um deles é portador de um relato e titular de uma fração importante dessa conquista, que é obra coletiva. Os relatos se somam. Os três aqui reunidos prestam suas homenagens a esses companheiros de aventura.

ÍNDICE

Introdução | *Gustavo H. B. Franco*, 13

PARTE I
Os primeiros anos
Feliz segundo aniversário (1996) | *Edmar Bacha*, 28
Três anos de coisas simples (1997) | *Gustavo H. B. Franco*, 32
Passando crises (1999) | *Gustavo H. B. Franco*, 36
A concorrência substitui a âncora cambial (1999) | *Edmar Bacha*, 39
Autópsias prematuras (1999) | *Pedro Malan*, 43

PARTE II
10 anos – A marca decisiva
Quando a oposição aceitou (2002) | *Gustavo H. B. Franco*, 53
Um calmante para o mercado (2002) | *Edmar Bacha*, 56
Números e cédulas (2003) | *Gustavo H. B. Franco*, 61
Escolhas difíceis (2003) | *Pedro Malan*, 69
Credibilidade (2003) | *Pedro Malan*, 74
O debate sobre crescimento (2003) | *Pedro Malan*, 79
Convergência (2004) | *Gustavo H. B. Franco*, 84
Herança e esquizofrenia (2004) | *Pedro Malan*, 87
Lições de uma década (2004) | *Edmar Bacha*, 91

PARTE III
15 anos – Aprendizados
Confiança e respeito (2008) | *Pedro Malan*, **101**
A História e o "nunca antes" (2008) | *Pedro Malan*, **105**
Criação de riqueza (2009) | *Gustavo H. B. Franco*, **109**
Sete batalhas (2009) | *Gustavo H. B. Franco*, **112**
Crise e oportunidade (2009) | *Pedro Malan*, **118**
Homens e anjos (2009) | *Pedro Malan*, **123**

PARTE IV
20 anos – A maioridade
O Real, maior de idade (2012) | *Pedro Malan*, **131**
O Real foi para as ruas... (2013) | *Gustavo H. B. Franco*, **135**
O Real, a rua e o governo (2013) | *Edmar Bacha*, **140**
De onde viemos, para onde ir (2014) | *Pedro Malan*, **143**
A sombra da Nova Matriz (2014) | *Gustavo H. B. Franco*, **147**
Espaço de manobra (2014) | *Pedro Malan*, **151**
O analista e o marciano (2016) | *Edmar Bacha*, **155**

PARTE V
25 anos – E agora?
Paralisia (in)decisória? (2018) | *Pedro Malan*, **163**
Urgência e longo prazo (2018) | *Pedro Malan*, **167**
Realismo e esperança (2019) | *Pedro Malan*, **171**
Três lições de arquitetura (2019) | *Gustavo H. B. Franco*, **175**
Acordos políticos e riscos econômicos (2022) | *Edmar Bacha*, **179**
Aquele cidadão (2023) | *Gustavo H. B. Franco*, **184**
Terminou em churrasco (2023) | *Gustavo H. B. Franco*, **187**

Anexo
É importante relembrar (2019) | *Fernando Henrique Cardoso*, **191**

PARTE VI
30 anos – O futuro
Trinta anos do Real e décadas vindouras (2024) | *Pedro Malan*, **199**
Real e realidade (2024) | *Gustavo H. B. Franco*, **203**
Os primeiros 400 dias de Lula III (2024) | *Pedro Malan*, **206**
Para que não esqueçam a inflação (2024) | *Gustavo H. B. Franco*, **210**
Em busca do país Real (2024) | *Edmar Bacha*, **213**

Siglas usadas neste livro, 220

Introdução

Gustavo H. B. Franco

Não existe nada mais social, plural, coletivo e nacional que a moeda.

É como um pedaço de cada um de nós, uma materialização ou representação de uma Nação. Como a bandeira e o hino.

Este volume é sobre a reconstrução da moeda nacional e celebra os 30 anos do Real como padrão monetário do Brasil.

Nenhum outro padrão monetário foi tão longevo e bem-comportado entre todos os oito que tivemos desde o Cruzeiro de 1942.[1] Seu estabelecimento em 1994 é o que se designa, sem exagero, como conquista histórica.

1. Ver a tabela "Padrões monetários brasileiros, 1942-2023", na p. 62.

Nenhum País teve tantas moedas destruídas, tantos zeros cortados, desvalorizações, transferências de renda forçadas, nem tanto imposto inflacionário e turbulência financeira, devida e indevida, inclusive em nome do *combate* à inflação.

Talvez nenhum outro País tenha experimentado tamanho sofrimento, nem se sujeitado a tanta desigualdade causada pela inflação. Inclusive deixando-se enganar sobre a origem dessas aflições, ou parecendo acreditar que o vício não fazia mal à saúde.

Não deve ser surpresa, portanto, que a estabilização – entendida não apenas como a *interrupção* da inflação elevada, mas também como sua *manutenção* em níveis civilizados por três décadas e até onde a vista alcança – se torne um evento tão marcante.

A construção do Real partiu de condições iniciais muito difíceis. Não foi exatamente o resultado de um consenso ou pacto facilmente construído pelo triunfo da razão, ressalvados apoios nem sempre muito convictos que obtivemos no Congresso Nacional. Os interesses associados ao inflacionismo se mostraram fortes e vocais, além de bem dissimulados, pois jamais faziam uma defesa aberta da inflação. Eram apenas, como se dizia, *a crítica (democrática) ao modelo de combate à inflação*, dito ortodoxo e recessivo.

As circunstâncias foram sempre difíceis, dentro e fora do País. O enfrentamento e a polêmica, bem como a paciência e a consistência, foram marcas inequívocas desse trajeto. Nem Lula nem Bolsonaro apoiaram esse projeto quando jovens, e não estavam sozinhos. Muitos políticos, inclusive alguns amigos, diziam que as soluções que propúnhamos eram de quem não conhecia Brasília nem nada sobre as vontades do povo. Foram poucas as vozes de apoio, e mesmo de reconhecimento de que *valia o esforço* de brigar para acabar com a inflação.

Arnaldo Jabor era uma delas. Em 28 de junho de 1994, três dias antes da conclusão da reforma monetária que introduziu o Real, diante da quantidade e variedade de reparos à estabilização vindos de todos os lados Jabor publicou uma crônica inesquecível, intitulada "País não merece vitória do Plano Real".[2]

A passagem mais comovente, ao menos para mim, ia ao coração do problema: "Não há solidão mais terrível do que ser da equipe econômica do governo." E a razão era simples, segundo dizia: "Ninguém ajudou." Congresso, economistas, Igreja, burguesia, artistas, intelectuais, Judiciário, conforme ele explicava em cores vivas, estavam consumidos pela descrença ou pelo torpor. Complexa a chamada "economia política" da inflação.

Mas o Plano avançou, transitando por duros debates e negociações. Seus resultados superaram as melhores expectativas, desarmaram as objeções e o País se encantou com a vida sem inflação. Tudo indica que fizemos uma opção para todo o sempre em 1994. Uma escolha que foi se firmando no tempo e que, neste volume, estamos a comemorar, vencidos os seus primeiros 30 anos.

Este volume é composto por textos escritos no calor dos acontecimentos, quase todos por ocasião de aniversários do

---

2. Ver *Folha de S.Paulo*, 28 jun. 1994.

Real, cada qual com seu ângulo, seu timbre e sua voz. Todos refletem as angústias de um instante no tempo, não são avaliações de quem sabia o resultado nem análises de historiadores debruçados sobre fatos acabados com desdobramentos conhecidos. São relatos do campo de batalha. Seu ângulo de observação é meio epistolar, diferente, portanto, do que se encontra nos bons livros de jornalistas sobre o Plano Real,[3] e mesmo do que é oferecido pelos escritos do próprio ex-presidente Fernando Henrique Cardoso.[4]

A reunião destes artigos funciona como uma espécie de diário dessa jornada, um trajeto que nada teve de retilíneo, considerada a multiplicidade de acidentes de percurso e a magnitude do desafio. Não foi fácil chegar à marca dos 30 anos, os primeiros anos muito mais complexos que os seguintes.

O País que alegava estar vivendo um "milagre" nos anos 1970 viveu o lento e dolorido colapso de seu modelo de desenvolvimento. E chegou próximo do fundo do poço justamente quando retornava ao regime democrático, nos anos 1980. O País registra uma inflação mensal de incríveis 82% em março de 1990, o último mês da Nova República, ou da Presidência José Sarney, também o último antes do confisco perpetrado por Fernando Collor, o primeiro presidente eleito pelo voto direto em quase 30 anos. Uma triste sequência.

---

3. Maria Clara do Prado, Míriam Leitão e Guilherme Fiuza escreveram bons livros sobre o Plano Real.

4. FHC publicou em 2006 *A arte da política: a história que vivi* (Rio de Janeiro: Civilização Brasileira) e, entre 2015 e 2019, os quatro volumes dos *Diários da Presidência* (São Paulo: Companhia das Letras), além de muitas contribuições, em outros volumes.

Em média, o País teve inflação de 16% mensais durante os 15 anos entre 1980 e 1994[5] e se constrangeu em reconhecer que se tratava de uma hiperinflação, meio que apavorado com as consequências desse diagnóstico. Daí certo negacionismo nesse assunto, perceptível no comedimento no emprego dessa palavra.

Mas o caminho de volta começou em 1994, com o Plano Real.

O registro cadenciado desse trajeto é a matéria-prima deste volume, que seleciona os aniversários mais densos de conteúdo e simbologia.

Os capítulos estão organizados em grandes blocos de forma cronológica, o que permite observar as várias etapas do processo de amadurecimento da estabilização, bem como das percepções da sociedade sobre a vida sob o signo do Real.

O Real atravessou várias Presidências, todo o espectro político, começando com Itamar Franco e chegando ao 30º aniversário com o mesmo presidente que assumiu o programa em 2002, em meio a grandes dúvidas sobre a sua preservação. Lula foi um adversário aguerrido do Plano Real, desde as eleições de 1994, e também o presidente que mais tempo viveu sob essa moeda: 31,7% do tempo, contra FHC, com 26,7%, porém concentrados

---

5. O cálculo utiliza o IPC-Fipe e o número exato é 15,6%, do que resulta uma taxa anualizada de 469,8%. Pode parecer excessivo, mas não esquecer que apenas para o ano de 1993 a inflação anualizada (variação mensal média anualizada) foi de 2,507%. Para o primeiro semestre de 1994, a inflação média anualizada foi de 7,686%.

nos primeiros anos.⁶ Claro que há uma sequência: os primeiros 3 mil dias (na verdade, 3.106 dias) são de FHC (e Itamar), os 5 mil dias (na verdade, 4.991 dias) seguintes são do PT (Lula e Dilma), seguidos de 2.314 dias de Temer e Bolsonaro e completos os 30 anos com 547 dias do terceiro mandato de Lula até o dia 1º de julho de 2024.

A periodização adotada nos capítulos do livro emerge de forma natural. Os primeiros anos são os das urgências da estabilização: a arquitetura das chamadas âncoras, o diálogo com os Planos anteriores e a deflagração das reformas, tudo ao mesmo tempo. Mas os progressos são cumulativos, bem como os aprendizados, e os horizontes vão se abrindo. Os percalços iniciais são superados, mas os problemas se sucedem, dentro e fora do País, econômicos, políticos e sociais. A estabilização muda tudo para melhor, o País exulta, não está mais na beira do precipício, contudo, não se percebem, ou não se reconhecem, na esfera política os requisitos de sua preservação. Prossegue a conversa sobre as reformas, que absorve a maior parte da energia antes dedicada à mecânica da estabilização e incorpora as ansiedades sobre os rumos futuros do desenvolvimento brasileiro.

A marca dos dez anos é de consolidação, inclusive com a passagem do bastão. A grande preocupação era o que seria do Real depois de seu maior adversário chegar à Presidência. Lula vence as eleições de 2002, mas o Real continua. Era a

---

6. Lula governa durante 3.469 dias, de 10.958, entre 1º de julho de 1994 e 1º de julho de 2024. Somando Lula e Dilma, ou seja, presidentes do PT, seriam 5.538 dias, equivalentes a 50,5% do tempo. FHC e Itamar governam nos primeiros 3.106 dias destes 30 anos.

alternância do poder na prática, um desafio gigantesco para uma democracia jovem, repleta de emoções e hormônios, que o País venceu com honras.

Lula recebe o aplauso local e internacional por abraçar as políticas do governo que tanto criticou, inclusive o acordo com o FMI. FHC também é festejado ao passar a faixa com garbo e dignidade, consciente da missão cumprida e da importância do gesto. O pragmatismo político se torna a convergência. A controvérsia se converte em trégua, a cautela em sabedoria. Lula cochicha para FHC, ao receber a faixa, que "aqui você terá sempre um amigo", como FHC gostava de contar, porém lembrando que não foi bem isso o que se passou a seguir.

Era a normalidade democrática. Era preciso aprender.

Mais adiante, aos 14 anos (2008), a nova administração enfrenta a mais séria crise financeira global dos últimos 50 anos. Seria o País, mais uma vez, devastado por um choque externo? Estaríamos, afinal, mais vulneráveis, depois de tanto caminhar e progredir? Ou, ao contrário, mais fortalecidos e adultos?

A resposta do País à crise indicava a manutenção das mesmas políticas do Real, inclusive fortalecendo seus fundamentos. O País volta a acumular reservas, o que nos leva ao grau de investimento das agências internacionais de crédito e a uma célebre capa de *The Economist* em novembro de 2009 ("Brazil takes off"). Pena que não fosse bem assim, como ficaria claro a seguir, com uma segunda capa da mesma revista em setembro de 2013 ("Has Brazil blown it?"), quando a malfadada Nova Matriz Macroeconômica já estava em operação. O 20º aniversário é o de menos brilho, em face das turbulências internas, como as jornadas de 2013, o contundente desmoronamento econômico da Nova Matriz – o PIB experimenta inéditas contrações: 3,55% em 2015 e 3,28% em 2016 – e o desenrolar da crise política que levou ao *impeachment* de Dilma Rousseff.

Aos 25 anos (2019) o Real passa à administração de Jair Bolsonaro. Um intrigante desafio, dessa vez por um ângulo diferente, com o novo ministro da Economia, Paulo Guedes, empacotando como adversário ("o passado social-democrata") tudo o que se passara nos anos anteriores. Era a polarização várias oitavas acima da que antes existia, agora pela direita.

Aos 30 anos celebramos a estrada percorrida, as lições e o sucesso da empreitada, sem prejuízo das dúvidas sobre o que fazer *depois* da estabilização, a fim de nos prepararmos para os próximos 30 anos. Parte desse "depois", todavia, já passou!

Os autores estiveram na trincheira, juntos no primeiro momento, antes, durante e depois do Plano Real, ligados ao Departamento de Economia da PUC do Rio de Janeiro. Cabe, por isso, concluindo, homenagear essa nossa origem e identidade. O Programa de Pós-Graduação e Pesquisa do Departamento de Economia da PUC-Rio, criado em 1978, completou seus primeiros 45 anos.[7] Nesse período formou 490 mestres, dos quais 223 concluíram doutorados em universidade de primeira linha nos Estados Unidos e na Europa,

---

7. Conforme narrado por Rogério Werneck em '"Tripla comemoração na PUC--Rio", *O Globo*, 27 out. 2023.

e 91 doutores da própria lavra. Formou também milhares de bacharéis. Diversos ex-professores e ex-alunos ocuparam posições relevantes em sucessivos governos no período coberto neste volume. Vinte e dois foram diretores do Banco Central; seis, seus presidentes. Dez integraram a diretoria do BNDES, quatro deles como presidentes do banco; três presidiram o IBGE. Dos membros da equipe central do Plano Real, nada menos do que seis foram ligados ao departamento como professores ou ex-alunos: Persio Arida, André Lara Resende e Winston Fritsch, personagens essenciais desse enredo, foram professores e pesquisadores da casa, além dos três autores deste volume.

Resta o registro da extraordinária experiência pessoal, e isso tem um sentido muito claro: num livro recente que escrevi para jovens profissionais, o capítulo sobre o Plano Real possui um título que tudo resume: "O sonho de qualquer economista".[8] Impossível ignorar o quanto foi especial, inclusive a ponto de nos fazer reviver com imensa alegria os episódios e incidentes do Plano Real, como fazemos todo ano, geralmente duas vezes por ano, em 28 de fevereiro, pela URV, e em 1º de julho, quando esta mudou de nome para Real. Dias de São Silvano e Santo Aarão, respectivamente. Muitos desses registros em texto fazem parte deste volume.

O grupo era muito maior, não vamos esquecer, claro que não. O Plano Real é obra coletiva, trabalho de uma equipe tão aguerrida e fiel quanto numerosa. Entre dezenas

---

8. Gustavo H. B. Franco, *Cartas a um jovem economista* (Rio de Janeiro: Sextante, edição ampliada e atualizada, 2022, p. 73).

de colaborações fundamentais, dois pioneiros merecem destaque: Clóvis Carvalho, na imprescindível coordenação dos esforços, e Murilo Portugal, na defesa da Viúva, em nome dos quais saudamos todos os outros, a quem agradecemos pelo belo trabalho. Nossa homenagem especial cabe ao líder indispensável que teceu e regeu essa orquestra, com competência, serenidade e elegância, sempre buscando convergências onde elas não pareciam possíveis – Fernando Henrique Cardoso, a quem dedicamos este volume.

PARTE I

Os primeiros anos

O Real foi a oitava moeda oficial do Brasil desde a Independência. Foi criada em etapas, começando em 1º de março de 1994[9] como uma moeda virtual (a URV) e quatro meses depois circulando em cédulas, em 1º de julho.[10] Era uma reforma monetária inovadora destinada a pôr fim a uma doença rara, a hiperinflação. Era o sexto Plano de combate à inflação em oito anos, e seu líder e executor era o quarto ministro da Fazenda do presidente Itamar Franco, vice de Fernando Collor, que havia sofrido *impeachment* em 1992.

Os primeiros anos foram marcados por imenso e justificado ceticismo. Os apoios eram escassos, mas as polêmicas

9. Medida Provisória nº 434, de 28 de fevereiro de 1994, depois convertida na Lei nº 8.880, de 27 de maio de 1994.

10. Medida Provisória nº 542, de 30 de junho de 1994, depois convertida na Lei nº 9.069, de 29 de junho de 1995.

estavam por toda parte, macro e micro, no atacado e no varejo, todos os dias e de todas as maneiras. Os debates em torno da consistência macroeconômica do Plano Real, em particular sobre o papel e a inter-relação entre as políticas cambial, monetária e fiscal, misturavam-se com conversas difíceis sobre as reformas. Tudo ao mesmo tempo, em ambiente de grande tensão, no calor de um embate político que parecia nunca ter sido experimentado.

O Plano Real é muito bem-sucedido em reduzir a inflação, que cai a menos de 10% ao ano ainda em 1997. Entretanto, é mais um sucesso de público que de crítica, tantas são as ressalvas e os equívocos apontados pelos colegas economistas. Fora desse grupo, todavia, vale o registro de que pouco mais de 500 dias separam a posse de Fernando Henrique Cardoso como um desacreditado ministro da Fazenda de sua consagradora vitória, em primeiro turno, nas eleições para presidente da República, em 3 de outubro de 1994. Um merecido recorde, difícil de ser superado.

Justificadamente, o Real se torna a grande agenda nacional nesses anos, a prioridade que incorpora e absorve todas as outras, nem sempre de modo suave. As polêmicas prosseguem, as reformas avançam com muita resistência e a estabilidade vai sendo conquistada palmo a palmo.

FHC é reeleito no primeiro turno em 1998, ano em que a inflação medida pelo IPCA acumulou 1,6% em seus 12 tumultuados meses. No início desse segundo mandato de FHC, consolida-se o chamado tripé (metas para a inflação, superávit primário e câmbio flutuante) e as coisas se assentam. Mas tudo poderia mudar nas eleições seguintes, marcadas para 2002. O Real teria de amadurecer para viver fora da administração de seus criadores. E seus novos administradores também teriam de amadurecer para bem cuidar de uma construção que não foi deles. A alternância democrática não é simples, também do ângulo de quem chega.

1996 – Dois anos

Feliz segundo aniversário[11]

Edmar Bacha

Embora o Plano Real tenha sido um sucesso extraordinário nos primeiros seis meses de vida, parece hoje claro que se encontrava numa trajetória explosiva quando eclodiu a crise mexicana, em novembro de 1994. Isso se devia tanto ao desequilíbrio crescente entre demanda e produção quanto à contínua pressão dos salários sobre os preços. As causas dessas tendências eram múltiplas: a indexação dos salários, o déficit público, a apreciação do câmbio, a expansão do crédito ao setor privado.

A situação do Real em dezembro de 1994 era parecida com a do Cruzado em julho de 1986: sucesso inicial com ameaça de fracasso à frente. No Cruzado, o governo de então respondeu à expansão descontrolada com o Cruzadinho, de agosto, e o Cruzado II, de novembro de 1986; ambas foram tentativas de tapar o sol com a peneira, quebrando os termômetros que acusavam a febre alta. Felizmente para o País, dessa vez com Fernando Henrique Cardoso na Presidência da República, o governo enfrentou com coragem os problemas que ameaçavam fazer o Real repetir o Cruzado.

11. Originalmente em *O Estado de S. Paulo*, 1º jul. 1996.

Agiu inicialmente sobre a expansão do crédito e a apreciação do câmbio. Entre junho e dezembro de 1994, o crédito dos bancos ao setor privado cresceu 37%. Com as medidas de contração creditícia adotadas, essa expansão caiu para 21% no primeiro trimestre e apenas 6,5% no segundo semestre de 1995.

Até dezembro de 1994, o câmbio havia se apreciado em 15% em termos nominais. A partir de março de 1995, essa apreciação foi progressivamente corrigida com a introdução do regime de bandas cambiais deslizantes.

Quanto aos salários, o novo governo decidiu honrar os acordos políticos feitos na criação da Unidade Real de Valor, a URV, que incluíam o reajuste pleno do funcionalismo em janeiro de 1994, o reajuste do salário mínimo para R$ 100,00 em maio de 1994 e a manutenção da indexação salarial até junho de 1995. Foi somente a partir dessa última data que medidas mais efetivas de desindexação puderam ser tomadas para deter a escalada dos salários nominais no setor privado.

No que se refere aos salários do funcionalismo público, ao salário mínimo e às aposentadorias – fulcros do déficit primário que emergiu nas contas públicas em 1995 –, foi somente a partir do início de 1996 que medidas corretivas puderam ser adotadas. Os salários do funcionalismo não foram aumentados em janeiro. Em maio, o salário mínimo foi corrigido em 12% e os benefícios da Previdência Social em 15%, tendo como contrapartida a instituição de uma contribuição sobre as aposentadorias do setor público.

Esse conjunto de medidas permitiu corrigir o desequilíbrio entre demanda e produção. Já o déficit público, que atingiu 5,05% do PIB no conceito operacional em 1995, reduziu-se para 3,7% no ano até abril de 1996 e deverá situar-se no intervalo de 2,5% a 3% do PIB até o fim do ano.

As medidas corretivas adotadas no primeiro ano do governo de Fernando Henrique Cardoso permitiram afastar o fantasma de fracasso que rondava o Plano Real em dezembro de 1994. Daqui para a frente, as dúvidas não mais se referem ao risco de um retorno ao passado hiperinflacionário. O necessário agora é fazer a sintonia fina entre as políticas fiscal, monetária e cambial, de modo a que a retomada do crescimento, a ser garantida pelas reformas estruturais, se dê num contexto de estabilidade de preços e equilíbrio externo.

Uma das principais questões ainda pendentes refere-se à compatibilização da postura fiscal com a política cambial. Mais explicitamente, coloca-se em pauta a seguinte questão: a taxa de inflação requerida para financiar, via imposto inflacionário, os níveis atuais de déficit público é compatível com a taxa de inflação permitida pelo atual ritmo de desvalorizações cambiais (de aproximadamente 7% ao ano)? A resposta é um rotundo não. A base monetária, sobre a qual incide o imposto inflacionário, é muito pequena – apenas 2,5% do PIB. Por isso pode se calcular que um déficit público operacional dessa mesma ordem de magnitude (2,5% do PIB) vai requerer uma inflação de cerca de 48% ao ano para sua cobertura.[12]

---

12. O cálculo é o seguinte: como a dívida líquida do setor público é de 33% do PIB, se o PIB crescer 4% ao ano, então um déficit de 1,3% do PIB (= 0,33 x 0,04) poderá ser financiado sem crescimento da razão entre a dívida e o PIB. Com um déficit de 2,5% do PIB, restaria 1,2% do PIB para ser financiado pelo imposto

É certo que esse valor somente se materializará quando se esgotarem as possibilidades de endividamento público e o governo tiver de se financiar exclusivamente através da expansão monetária. Mas a dívida não pode crescer sem limites. É melhor prevenir que remediar, ou seja, adotar logo uma postura fiscal que não dependa da emissão de mais e mais dívida.

Será preciso reduzir o déficit público para não mais do que 1,3% do PIB. Enquanto isso não for possível, o governo precisará contemplar um programa de privatizações que lhe renda 1,2% do PIB ao ano, a ser utilizado exclusivamente no abatimento da dívida pública.

Em vez de cortar mais gastos e privatizar mais depressa, seria mais fácil acelerar as desvalorizações cambiais e gerar mais imposto inflacionário para cobrir a folha de pagamentos do governo. Mas isso significaria abandonar o barco das reformas e optar pelo inflacionismo do passado.

---

inflacionário. Como a base monetária, sobre a qual incide o imposto, é igual a 2,5% do PIB, a taxa de inflação requerida seria de 48% (= 0,012/0,025).

1997 – Três anos

TRÊS ANOS DE COISAS SIMPLES[13]
Gustavo H. B. Franco

Além de reduzir a inflação de cerca de 4.000% anuais para 7% e dobrar o crescimento do PIB relativamente à média dos 15 anos anteriores a 1994, o Real, nos seus três primeiros anos de vida, fez os salários reais crescerem em quase 20%, a proporção de pobres no País diminuir em 25%, o emprego crescer 2,5% anuais (com taxas de desemprego estáveis em torno de 5%), o custo da cesta básica reduzir-se em 30% e o salário mínimo medido em Dólares quase dobrar.

Tivemos, como se sabe, crescimento notável no número de lares servidos por televisões, refrigeradores, fogões e máquinas de lavar, bem como incontáveis relatos de coisas, de muito sonhadas, adquiridas pela primeira vez graças aos ganhos de renda real produzidos pelo Real.

Além disso, a pressão competitiva provocada pela abertura deu origem a novas condutas empresariais, proporcionando extraordinariamente altas taxas de crescimento da produtividade, bem como uma inédita desconcentração setorial e regional do dinamismo econômico. Com isso, ficaram

13. Originalmente em *O Estado de S. Paulo*, 29 jun. 1997.

beneficiadas áreas pobres como o Nordeste e o Centro-Oeste, em detrimento de grandes centros urbanos, invertendo-se, assim, uma lógica perversa e secular de migração na direção das metrópoles. A necessidade de reagir à abertura terminou por conseguir o que décadas não foram capazes de fazer. A transformação produtiva está em toda parte: o Plano Real, como diz o presidente da República, é muito mais que simplesmente o combate à inflação, é uma "revolução silenciosa", a porta de entrada em um novo modelo de desenvolvimento econômico.

À luz dessa nova e avassaladora realidade, a hiperinflação, o populismo deslavado, os choques falsamente redentores e as espertezas na forma de confiscos e *tablitas* parecem acontecimentos distantes. Mas não se deve esquecer que os progressos acima mencionados ocorreram em pouco menos de três anos.

É muito pouco tempo.

Se algum aspirante à Presidência da República, há quatro anos, prometesse metade do que está relacionado acima, enfrentaria o desdém normalmente destinado aos políticos enganadores e aos charlatães profissionais.

Vale lembrar que as perspectivas, naquela altura, eram sombrias: a economia estava estagnada, a inflação se aproximava de 30% mensais e tudo parecia indicar que o Brasil ia repetir a lamentável experiência de 1989.

Pouca gente parecia exibir alguma disposição de enfrentar a situação e muitos dos sabichões deitando falação sobre os problemas do Real estavam escondidinhos para não serem chamados a opinar sobre o que se passava.

Sob a liderança do presidente Fernando Henrique Cardoso, as dificuldades foram superadas com engenho, ousadia e paciência. E, em incríveis três anos, o Brasil recobrou seu futuro. Os pesadelos da "Década Perdida" ficaram para trás e o País hoje se vê discutindo ansioso, e mesmo impaciente, os novos passos de seu desenvolvimento econômico, coisa que não se fazia há muitos anos.

Como este governo conseguiu isso tudo?

Muito simples: de um lado, responsabilidade e zelo pelo que é público, o que se traduz em fazer o Estado viver dentro de seus próprios meios, assim evitando tudo que o induza a tributar os pobres através do imposto inflacionário. De outro, abandono da ideia de que devemos nos isolar do mundo exterior e nos dedicar à autossuficiência e à proteção indiscriminada do produtor nacional em detrimento do consumidor.

São coisas simples, em cuja base está a sabedoria das donas de casa muito mais que qualquer ideologia sobre os destinos do planeta. Coisas que já devíamos ter descoberto há tempos e cuja teimosia em ignorar produziu enormes custos sociais.

Foram e continuam sendo formidáveis os obstáculos à adoção dessas simples verdades: é exatamente disso que tratam as iniciativas na rubrica "reformas", a saber, mudanças nos mais variados níveis de interferência do Estado na economia a fim de conferir maior agilidade e eficiência à economia e às políticas públicas. Se hoje ainda não estamos crescendo como "Tigres", é unicamente em função das resistências às "reformas".

De toda maneira, os resultados a exibir, nestes três anos, são excelentes e a magnitude do feito tem sido escassamente lembrada no cotidiano. Nada a estranhar: seja pelo viés imediatista do noticiário (o que aconteceu ontem é notícia velha), seja pela lógica dos mercados financeiros (eventos conhecidos, ocorridos ou prestes a ocorrer "já estão no preço"), apenas o futuro (a novidade) importa. E nesse terreno é recorrente a ênfase aos desafios a enfrentar, a cobrança das tarefas incompletas e a expectativa quanto a novas iniciativas. Nada a opor. Todos, a começar por nós, sabemos que a tarefa está incompleta (na verdade, sempre estará) e que há enormes desafios pela frente (como tem sido desde o início). Mas existem algumas raras ocasiões, como este terceiro aniversário do Real, durante os quais é possível olhar o passado com satisfação pelo trabalho bem-feito, sem que isso mereça a acusação de descuido quanto ao futuro.

1999 – Cinco anos

Passando crises[14]

Gustavo H. B. Franco

A cada aniversário da nova moeda repetem-se as análises sobre o "antes" e o "depois", sempre mais ricas e dotadas de mais perspectiva. Afinal de contas, o Plano Real, desde o início, não pretendia apenas a estabilização, mas transformar o Brasil através de reformas que construiriam um novo modelo de desenvolvimento das cinzas do antigo. Com cinco anos é mais fácil vislumbrar as mudanças estruturais e seus efeitos do que no primeiro aniversário.

De início, é bom notar que as comparações entre indicadores econômicos (inflação, crescimento, emprego, salários, distribuição da renda etc.) não podem perder de vista o ambiente externo. Enquanto os cinco anos anteriores ao Real foram extraordinários para as economias emergentes, o período 1994-1999 foi de extrema instabilidade, trazendo três crises de amplitude planetária (a do México, a da Ásia e a da Rússia) que, certamente, fizeram as coisas mais difíceis (um parêntese: seriam infinitamente piores se não tivéssemos o Real).

14. Originalmente "Os primeiros cinco anos", em *O Estado de S. Paulo* e *Jornal do Brasil*, 27 jun. 1999.

Mas, a despeito das crises, e mesmo com a megadesvalorização, nós conseguimos preservar a estabilidade, graças às enormes mudanças feitas nos últimos anos, que tornaram o Brasil uma economia de mercado numa extensão que todos subestimaram. Isso significa que temos hoje um País onde a economia é governada pelo primado do consumidor e da competição, e onde o poder dos oligopólios e condestáveis de antigamente não existe mais. Foi exatamente a força desses novos pressupostos econômicos que estabeleceu os obstáculos à transformação da desvalorização em inflação. Isso quer dizer que o Plano Real tem sido muito mais bem-sucedido do que se supõe em mudar os paradigmas econômicos, especialmente no setor privado, que é hoje infinitamente mais competente e competitivo do que cinco anos atrás.

E isso ocorreu nos primeiros cinco anos de vida desta nova economia, agora fora da influência dessa extraordinária cocaína que era a inflação. O organismo está longe de ter recobrado suas energias, até porque, em boa medida, essas energias têm de ser reinventadas: alguns mecanismos que outrora produziam crescimento esgotaram suas possibilidades. É preciso criar novas áreas de dinamismo na economia, nascidas no seio de novas posturas empresariais e sem compromissos com as velhas maneiras de fazer as coisas. Durante estes primeiros cinco anos, mais e mais "novas áreas" juntaram-se ao novo modelo.

São as empresas privatizadas (e seus fornecedores), que foram violentamente revitalizadas, as empresas que tiveram de reorientar suas estratégias depois da abertura e da estabilização, as empresas estrangeiras que vieram para cá, sozinhas ou acompanhadas, e as empresas (e pessoas) que enxergaram as novas tendências sem preconceitos e saíram inovando sem medo de errar. O Brasil está repleto desses arquipélagos de dinamismo, que parecem surgir de toda parte. É deles, e de outros como eles, brotando a todo momento, o futuro do País.

O futuro só não chega com mais rapidez porque o governo é sabidamente lento em fazer a sua parte. O ajuste fiscal está no lugar, mercê do acordo com o FMI, mas prevalece uma sensação de precariedade, diante de tensões e dúvidas em volta de seus principais elementos. A privatização anda num ritmo insatisfatório, no passo de uma legislação defensiva ao extremo, concebida numa época em que se privatizava com sentimento de culpa. Os adversários da privatização andam se assanhando, e com isso retardando o processo e contribuindo para estragar mais ainda as empresas que alegam defender.

As necessidades de financiamento do governo ainda são colossais, e não apenas provocam o estrangulamento do crédito disponível para o setor privado, como também impedem a taxa de juros de cair. Nosso futuro pode ser brilhante, mas é trazido a valor presente de acordo com juros muito elevados e, portanto, parece menor do que realmente é. Tudo isso porque, há vários anos, o governo hesita em fazer o seu dever de casa no plano fiscal. Há resistências em se aceitar que o governo, ao pretender se tornar um agente do desenvolvimento sem ter o dinheiro para isso, termina se tornando um peso para a economia privada.

1999 – Cinco anos

A CONCORRÊNCIA SUBSTITUI A ÂNCORA CAMBIAL[15]

Edmar Bacha

A política cambial seguida após a implementação do Real até meados de janeiro de 1999 foi boa enquanto durou. Permitiu reduzir a inflação de 3.000% nos 12 meses anteriores à implantação do Real para zero no último semestre de 1998. Isso foi um grande feito, mas seus benefícios claramente vinham se esgotando. De qualquer modo, o comportamento da economia brasileira após a desvalorização de janeiro de 1999 pode ser lido como um sucesso da política anterior, porque ter ocorrido uma forte desvalorização do câmbio com repercussões inflacionárias tão limitadas é reflexo do fato de que quatro anos de estabilização cambial permitiram mudar a natureza do processo de formação de preços na economia brasileira. Ou seja, o aumento da concorrência, por um lado, e a desindexação dos salários e do câmbio, por outro, criaram uma nova lógica de preços na economia que demonstrou ser resistente à mudança cambial; pôde ocorrer uma alteração

---

15. Texto com base em entrevista publicada na revista da Anbid, 13(2), abr. 1999, pp. 6-8.

cambial de monta com consequências inflacionárias até agora diminutas.

Há dois fatores que explicam por que o descontrole da inflação não ocorreu e por que a economia não se reindexou, como era temido. O mais importante, creio, é o aumento da concorrência. O Brasil deixou de ser uma economia extremamente fechada e altamente regulada para ser uma economia mais aberta e com um grau de concorrência interna maior. Hoje não é mais tão simples como no passado repassar aumento de custos para preços. O segundo fator é a desindexação dos salários. Desde julho de 1996 estamos com salários que são totalmente determinados pelo mercado e não por atos legislativos do governo, como ocorria antes do Real. O processo de reindexação através de decisões descentralizadas de mercado é muito mais difícil de ocorrer. Os acordos salariais são feitos setorialmente um a um, a cada mês, e, portanto, não são um mecanismo de indexação generalizado. Os dissídios coletivos têm a mesma característica dos acordos coletivos e também não tendem, por si, a gerar indexação generalizada. O governo resistiu a propostas de reindexar os salários pela via legislativa, por isso não houve um mecanismo efetivo de reindexação.

Não é que tenhamos dado adeus à cultura da inflação. Culturas são frutos de instituições. As instituições econômicas que antes do Real sustentavam o regime inflacionário deixaram de existir, por consequência do sucesso do Plano em manter os preços estáveis por quatro anos, com o aumento da concorrência, da abertura da economia e da desindexação de salários e câmbio.

Fazendo uma leitura *ex post*, é possível identificar variáveis que sinalizavam a redução da importância da âncora cambial como elemento-chave no comportamento dos preços internos. Se fizermos uma comparação da evolução dos preços dos bens que entram no comércio exterior ou são suscetíveis de nele entrar, ou seja, os preços dos bens exportáveis e dos bens que concorrem com a importação – bens que os economistas chamam de "comerciáveis" –, verificaremos que, enquanto existiu indexação salarial, isto é, até julho de 1996, quando o câmbio se desvalorizava em 1%, os preços desses bens comerciáveis aumentavam também em 1%. Havia, assim, uma correspondência muito clara entre câmbio e inflação. Mas, a partir de julho de 1996, observou-se o seguinte: com o fim da indexação salarial, o câmbio foi desvalorizado até dezembro de 1998 em 25% e o nível dos preços dos bens comerciáveis nada variou. Isto é, desde meados de 1996 já havia um afastamento do comportamento interno dos preços em relação à âncora cambial.

Daqui para a frente, o melhor regime cambial a ser seguido é o da livre flutuação. Dentro das mesmas normas em que hoje flutuam as mais diversas moedas do mundo, como o Dólar canadense ou o Peso mexicano.

No médio prazo, a política monetária baseada em metas de inflação é uma proposta interessante para o País. Tem tido bastante sucesso nos países que a adotaram, como Inglaterra, Austrália, Nova Zelândia. O México adota um regime de metas inflacionárias não explícito, o Chile também tem um regime parecido. Trata-se de maneiras alternativas de se deixar de controlar os agregados monetários para se regular o nível da taxa de juros.

Conforme desenhado, o programa econômico firmado com o FMI foi bastante bom. As metas do programa são factíveis e seu cumprimento vai ajudar muito a recuperar a credibilidade do País no exterior. O programa do FMI aponta para um déficit fiscal de não mais do que 2% do PIB em 2000, comparado com 8% em 1998. Por isso deve haver um aumento significativo de recursos financeiros disponíveis para o setor privado, tanto em consequência da redução do déficit quanto da queda da taxa de juros que essa redução provocará.

Para garantir a estabilidade monetária em bases permanentes, a primeira providência é a consolidação fiscal, conforme proposta no programa com o FMI. A segunda é o aprofundamento do regime de concorrência nos mercados, através da privatização, da desregulamentação e da eliminação das barreiras internas à concorrência de produtos e empresas estrangeiras.

1999 – Cinco anos

Autópsias prematuras[16]

Pedro Malan

No turbulento mês de janeiro de 1999, a abrupta passagem para o sistema de taxa de câmbio flutuante levou a previsões catastróficas para o ano e a algumas autópsias prematuras do Real ainda em seu quinto ano. Em janeiro vimos estimativas de bancos, consultorias, economistas acadêmicos e instituições de pesquisas que projetavam taxa de inflação de 50% a 70% para 1999. Projeções de quedas do PIB de 4% até 7%. A média das projeções estava entre –4% e –5%. Vimos projeções de câmbio para 31 de dezembro de 1999 na faixa de 2,1% a 2,5%. Uma chegou a prever R$ 3,00.[17]

Desde 1995 houve inúmeros casos de apressados que, no calor dos acontecimentos, usaram momentos de turbulências e dificuldades para expressar ceticismo ou pessimismo sobre nossa capacidade de superar nossos problemas.

A rapidez com que essas expectativas foram revertidas, a partir de março e até o fim de maio de 1999, não foi casual. Nos últimos anos houve ações e mudanças estruturais da

---

16. Originalmente, intervenção feita por ocasião do XI Fórum Nacional, realizado no BNDES em maio de 1999 e publicado em João Paulo dos Reis Velloso (org.), *A crise mundial e a nova agenda de crescimento* (Rio de Janeiro: José Olympio, 1999).

17. Terminou o ano em 1,79%.

maior importância para o Brasil. Registre-se apenas seis delas para se ter uma ideia da capacidade que o País adquiriu para enfrentar adversidades.

1) Quatro anos de inflação sob controle, e em trajetória declinante, tiveram enorme efeito, só agora percebido em seu significado mais amplo. A população, o consumidor, os empresários, os fornecedores e compradores ao longo da cadeia produtiva não têm mais a postura que prevaleceu neste País durante mais de duas décadas: a de que só existiria uma direção para as expectativas de inflação – a velha ideia de que a inflação de uma semana, de um mês e de um ano estabeleceria o piso para a inflação da semana, do mês e do ano seguintes.

Essa reação, típica de sociedades mais maduras, é um exercício de cidadania, em que o consumidor se recusa a comprar hoje rejeitando o argumento de que amanhã o produto estará mais caro ou faltará nas prateleiras. Também recusa aumentos de preços baseados na automática e indevida extrapolação da variação do câmbio. Esse é um fato econômico, cultural e social da maior importância e do maior significado para o futuro do País. Não aceitamos mais, como aceitamos durante duas ou três décadas, a ideia de que estamos condenados a viver em regime de alta, crônica e crescente taxa inflacionária.

2) A segunda mudança é a reestruturação produtiva que está ocorrendo na economia brasileira, com aumento da produtividade, via redução de custos, novos métodos de gestão, administração e eficiência nas empresas, competição nos mercados derivada de importações potenciais e impossibilidade de transferir para o consumidor todo e qualquer aumento de

custos com base em mercados protegidos da competição internacional e experimentando crescentes taxas de inflação.

A combinação de inflação baixa com a competição potencial com produtos importados, ao longo dos últimos anos, levou a um aumento da eficiência da economia brasileira e a uma elevação do nível tecnológico do que produzimos. Levou também a uma impressionante descentralização da atividade produtiva, tanto no *agribusiness* como na indústria e nos serviços, o que, na verdade, está por trás da resiliência da economia brasileira.

3) A terceira razão, para nós muito cara, é o fato de que, em 8 de setembro de 1998, anunciamos com uma Medida Provisória (nº 1.716) e um Decreto (nº 2.773) para a opinião pública brasileira que a crise derivada da moratória russa e a falência de um grande Hedge Fund Americano (LTCM) nos haviam obrigado a acelerar o passo do Programa de Ajuste e Estabilidade Fiscal, e que o tempo do gradualismo na mudança do regime fiscal do Brasil se havia exaurido.

Anunciamos as novas metas fiscais para o que restava do ano de 1998. Dissemos, então, que já estávamos trabalhando num programa de três anos (1999-2001) com o objetivo de gerar superávits primários crescentes e estabilizar e reduzir a dívida pública em relação ao PIB. O importante é que cumprimos o que dissemos que iríamos fazer. Cumprimos as metas fiscais para 31 de dezembro de 1998 com folga, cumprimos as metas fiscais para 31 de março de 1999 também com folga, assim como cumpriremos as metas de 30 de junho. São três trimestres seguidos em que estamos demonstrando a nossa determinação, o nosso empenho e a nossa capacidade de realizar aquilo que no início de setembro do ano passado dissemos que faríamos.

4) A quarta razão é que fomos capazes de renovar rapidamente, em fevereiro de 1999, o acordo feito em novembro de 1998 com o FMI, adaptando-o à mudança do regime cambial ocorrida em janeiro e definindo regras e valores de intervenção na compra de divisas líquidas por parte do Banco Central. Além disso, o Brasil conseguiu obter a reafirmação do apoio internacional dos bancos centrais dos 20 principais países industrializados do mundo, através do BIS. Também tivemos, no início de março, conversas bem-sucedidas com os bancos privados internacionais. Ficou claro que o expressivo apoio internacional ao Brasil, obtido em outubro de 1998, foi expressamente reiterado no mês de março de 1999.

5) A quinta razão importante é o compromisso do governo e, em particular, do Banco Central e de sua excelente diretoria, encabeçada por Armínio Fraga, com o combate à inflação e com a adoção de um regime de metas inflacionárias, deixando claro que o governo não abrirá mão do seu compromisso de preservar a estabilidade do poder de compra da moeda nacional.

6) A sexta razão está relacionada com a relativa solidez do sistema financeiro do Brasil, que atravessou a turbulência dos meses críticos (setembro de 1998 a fevereiro de 1999) sem que tivéssemos a ocorrência das crises bancárias que marcaram as experiências dos países asiáticos (Coreia, Tailândia e Indonésia). Isso só foi possível porque ao longo dos últimos anos tivemos a ação do Proer e do Proes, saneando o sistema financeiro nacional.

A virada das expectativas, que começou na segunda semana de março e gradualmente se firmou desde então, é uma combinação dessas seis ordens de fatores, derivadas, seja de transformações estruturais pelas quais passou a economia brasileira ao longo dos últimos anos, seja de ações do governo ou, o que é mais importante e mais alvissareiro, de ações, posturas, práticas e procedimentos da própria sociedade brasileira.

É preciso evitar que, na tradicional ciclotimia que caracteriza muito a nossa gente, o pessimismo que afetou todos em meados de janeiro descambe para a visão ingênua de que os problemas sérios que enfrentamos foram totalmente superados. O caminho a percorrer ainda é muito difícil.

Mas é uma crítica primária a que nos fazem com frequência de que o controle da inflação é o único e exclusivo objetivo do governo, supostamente tido por nós como um fim em si mesmo. Nunca o dissemos, nunca achamos isso. Achamos apenas que é uma condição *sine qua non*, absolutamente indispensável, para que outros objetivos tão ou mais importantes possam ser alcançados.

Na verdade, o objetivo fundamental do governo Fernando Henrique Cardoso, tanto no seu primeiro quanto no seu segundo mandato, é o seguinte: desenvolvimento econômico e social, com estabilidade, responsabilidade fiscal e aumento de eficiência operacional do Estado, especialmente nas áreas social e regulatória. Sem desenvolvimento econômico e social a estabilidade não se consolida, mas sem estabilidade e responsabilidade fiscal não há desenvolvimento econômico e social *sustentado* ao longo do tempo.

PARTE II

10 ANOS — A MARCA DECISIVA

O Real completaria sua primeira década em 2004 já sob nova administração. Contudo, o debate sobre suas conquistas e seu futuro começou bem antes de seu décimo aniversário, na campanha eleitoral de 2002, na qual todos os candidatos pareciam de oposição. Mas foi Lula quem venceu.

    O País passaria a ser comandado pelos adversários históricos do Plano Real e opositores a "tudo o que aí está". A agitação nos mercados financeiros, quase um pânico, foi compreensível e talvez mesmo decisiva para forçar uma acomodação do novo governo às políticas do anterior. Essa conversão de Lula, ele mais do que o PT, às premissas do bom senso no terreno da economia se tornou uma das marcas decisivas desse momento. Foi uma demonstração eloquente de maturidade política do País, tanto pela transição civilizada e cortês, homenageando a alternância no poder, quanto pela manutenção da integridade do regime de políticas macro, inclusive o acordo com o FMI.

O grande tema do décimo aniversário do Real é, portanto, a convivência com o PT, o partido que dizia que o Real era um truque eleitoreiro. O pesadelo da hiperinflação parecia estar no passado, e a Nação podia contemplar o futuro com novas esperanças. Mas sob nova direção. Tudo isso, contudo, precisava ocorrer sem que se abandonassem as disputas de narrativas e os debates macro, que são parte essencial da dinâmica da democracia. Assim mesmo, a transição foi exemplar. E a democracia brasileira subiu de patamar.

2002 – Oito anos

Quando a oposição aceitou[18]
Gustavo H. B. Franco

Segunda-feira, dia 1º de julho de 2002, faz oito anos das primeiras emissões do Real, a moeda brasileira criada em 28 de fevereiro de 1994 com o nome de URV – Unidade Real de Valor. Nada mau para a moeda que o presidente do PT e seu séquito de barbudinhos zangados de linguagem parnasiana até recentemente insistiam ser um embuste com objetivos eleitorais. Nada mau para uma moeda à qual o porta-bandeira honorário do Parque Jurássico, o deputado Delfim Netto, deu quatro meses de vida e até hoje diz que fracassou...

Rigorosamente falando, o Plano Real estava concluído no final de 1996, quando a inflação brasileira, na margem, atingiu "níveis internacionais". Em cerca de dois anos, portanto, a inflação foi reduzida de 50% mensais para praticamente zero, e sem congelamento ou controle de preços, sem prefixações, truques, mágicas, confiscos e interferências em contratos e, principalmente, sem recessão.

Pelo menos dois elementos foram cruciais para esse extraordinário resultado. De um lado, a consciência de que reformas deviam ser feitas, ao longo de vários anos, a fim

---

18. Originalmente em *Veja*, 3 jul. 2002.

de que fossem construídos os chamados "fundamentos macroeconômicos" para que a estabilização se tornasse uma conquista permanente. Como o "mercado" e também o eleitorado acreditaram que as reformas andariam, e se encantaram com o projeto, os efeitos delas foram "antecipados", numa espécie de círculo virtuoso.

De outro lado, os mercados internacionais de capitais se encontravam em um estado de grande abundância, o que nos permitiu conduzir uma política cambial sem a qual a estabilização não teria sido alcançada com tanta facilidade. Pouca gente se lembra de que o Real começou sua existência num regime de flutuação cambial exatamente como o de hoje. Em tempos de abundância, todavia, a flutuação não deu muito certo e nos levou às bandas cambiais, que nos serviram muito bem até a violenta mudança meteorológica ocorrida em meados de 1998.

Em fins de 1997, a crise da Ásia começava a indicar uma mudança para pior na conjuntura internacional, que, todavia, apenas se tornaria clara e dramática com a crise da Rússia, em meados de 1998. Essas difíceis e inesperadas circunstâncias demandaram uma elevação do ritmo, da urgência, das reformas e de seus resultados no plano fiscal, além de uma mudança no regime cambial. O acordo com o FMI nos deu o apoio necessário para essas mudanças, mas, a despeito dos melhores resultados na área fiscal nos anos subsequentes, o ímpeto reformador restou consideravelmente diminuído. O governo perdeu um tanto de sua convicção e, dividido, jogou na defesa durante todo o segundo mandato.

Mas o grande teste vem agora, quando a eleição presidencial nos apresenta quatro candidatos, todos cheios de restrições à política econômica. É, portanto, genuína a perspectiva de mudança e o mercado tem uma legítima dúvida sobre a direção. É verdade que já de algum tempo a oposição começa a dar sinais de que quer se desligar da postura peçonhenta que sempre adotou com relação ao Real. Mais recentemente, e em resposta ao justificado nervosismo do mercado financeiro, já é bastante evidente a transmutação dos barbudinhos em bons rapazes que visitam empresas e bancos com conversas amenas e ponderadas, falando na estabilidade como valor indiscutível e outras coisas que apenas fazem lembrar um bordão frequentemente atirado contra FHC: esqueçam o que eu escrevi!

Não se trata aqui de justificar os exageros do mercado nos últimos tempos, mas seria tolo ignorar que o nervosismo é generalizado e autêntico e acabou tendo efeitos benéficos, pois serviu para antecipar um choque de realidade positivo que fatalmente ocorreria quando os economistas do PT fossem instados a migrar do caminhão de som para a mesa de operações do Banco Central. Gostando ou não de mercados financeiros e de sua complexa psicologia, o novo presidente vai ter de se acostumar a lidar com eles, pois eles continuarão a ser o cenário básico no âmbito do qual a política econômica é digerida. É bom que os candidatos já comecem a praticar.

2002 – Oito anos

Um calmante para o mercado[19]
Edmar Bacha

Os mercados financeiros têm estado agitados nas últimas semanas. Parte do nervosismo é justificado: estamos num período pré-eleitoral. Mas parte não é: uma coisa é o discurso político; outra, a prática do governo – os limites do possível são mais estreitos do que aparecem numa campanha eleitoral.

Entretanto, ajudaria a acalmar a situação se os principais candidatos a presidente e seus partidos adotassem desde já medidas concretas que fossem fortes sinalizadores de seus compromissos de respeitar os contratos e manter a responsabilidade fiscal.

Vamos primeiro ao argumento e depois às medidas.

Ao contrário do México em 1994 e da Argentina em 2001 – cujas dívidas "internas" estavam em boa parte em mãos de estrangeiros –, a dívida interna do governo brasileiro está quase integralmente em mãos de brasileiros. Tradicionalmente, os brasileiros têm mantido sua poupança dentro do País. Desde meados da década de 1960, uma parte significativa dessa poupança, diretamente através de fundos de investimento ou indiretamente através de depósitos bancários,

---

19. Originalmente em *Folha de S.Paulo*, 25 jun. 2002.

vem sendo aplicada em títulos da dívida pública do governo federal. Essa dívida vem sendo rolada praticamente sem problemas pelo governo, já há quase 40 anos, no mercado interno que lhe é assegurado.

Esse fato garante que, havendo um mínimo de confiança em relação às intenções de política econômica dos futuros governantes, a dívida interna poderá continuar a ser rolada sem problemas, ainda que isso possa exigir uma redução temporária de prazos em períodos de maior nervosismo no mercado. No limite, o Banco Central do Brasil poderia rolar toda a dívida que for vencendo no *overnight*, como, aliás, acontecia antes de 1994.

Até janeiro de 1999, quando o câmbio era controlado pelo governo, havia por isso mesmo uma porta de saída para os brasileiros se desfazerem de suas aplicações internas para comprar Dólares, pois esses Dólares lhes eram ultimamente ofertados pelo Banco Central usando suas reservas internacionais. Hoje, o câmbio é flutuante, quer dizer, o BCB não vende mais Dólares à vontade dos investidores; portanto, a única forma de algum brasileiro comprar Dólares é encontrando outro brasileiro que lhe queira vender esses Dólares. Com o dinheiro dessa venda, este segundo investidor vai então acabar comprando os títulos internos dos quais o primeiro investidor quis dispor.

O Dólar sobe (para induzir o segundo investidor a vendê-lo para o primeiro), mas há um limite para essa subida (como já se viu no ano passado). Pois os investidores sabem que, com o Dólar alto, as exportações crescem, as importações caem e os preços dos ativos brasileiros ficam mais atrativos para os estrangeiros – tudo isso gerando uma perspectiva de sobra de divisas para o País, uma vez superado o trauma eleitoral.

A rolagem da dívida interna não é, assim, um problema, por mais que tenha crescido nos últimos anos. O medo de que a dívida interna possa não ser honrada deriva de sugestões de "rupturas" ou "renegociações" que trazem aos brasileiros a lembrança do Plano Collor, que vitimou as poupanças que tinham nos bancos.

Passemos, então, às medidas.

Em primeiro lugar, os candidatos a presidente deveriam assumir o compromisso de deixar a cargo do Tesouro e do Banco Central a rolagem da dívida interna, sem rupturas nem reestruturações. Para selar esse compromisso deveriam manifestar seu apoio à votação pelo Congresso de um novo estatuto para o Banco Central, que lhe desse autonomia operacional para a condução da política monetária – com sua diretoria sendo composta de profissionais de reconhecida competência técnica. Caso não haja tempo hábil para a votação desse novo estatuto no Congresso antes das eleições, deveria haver, minimamente, acordo para a imediata aprovação pelo Congresso da emenda constitucional que possibilita a regulamentação por partes do sistema financeiro nacional. Nesse caso, o novo estatuto do Banco Central seria votado imediatamente após as eleições.

Em segundo lugar, seria propício um compromisso de manter o superávit primário das contas do governo no nível necessário para zerar o déficit real do setor público até 2006. Com isso, no final do próximo mandato presidencial, não só o crescimento da dívida pública estaria estancado, mas também a relação entre a dívida e o PIB estaria, a partir daí, caindo ano após ano, na mesma medida em que o PIB fosse crescendo. Esse compromisso deveria ser selado, por um amplo consenso partidário, através da inclusão na Lei de Diretrizes Orçamentárias, ora em discussão no Congresso, de metas de superávit primário não inferiores a 3,5% do PIB para o período de 2004 a 2006. Para 2003, conforme recente decisão do governo, a LDO estabelecerá uma meta de superávit de 3,75% do PIB.

É importante observar que o objetivo de zerar o déficit pode ser alcançado sem prejuízo dos investimentos nas áreas sociais. Pois, num governo que inspire confiança aos brasileiros quanto à segurança de suas poupanças, as taxas reais de juros poderão ir se reduzindo progressivamente, abrindo espaço para os investimentos na área social, ao mesmo tempo em que se zera o déficit público e se reduz a dívida do governo como proporção do PIB.

Seria, finalmente, importante que os candidatos assumissem o compromisso de se manterem acordados com o FMI. Esse entendimento tranquilizaria os investidores quanto ao respeito aos contratos internacionais, permitindo preservar as linhas externas e obter redução nos atuais prêmios de risco pagos pelo País. A dívida externa é pequena quando comparada com o potencial exportador do País. Em sua maior parte, é devida pelo setor privado e já não cresce desde 1999. Os encurtamentos de prazos e altos prêmios de risco derivam, assim, mais uma vez, do temor dos investidores de que a dívida externa não seja honrada pelo próximo governo nos termos contratuais, submetendo-a a "rupturas" ou "renegociações" desestabilizadoras, como na moratória de 1987.

Para assegurar que não seguirão esse curso de ação, os candidatos a presidente – à semelhança do que ocorreu na sucessão mexicana em 2000 – deveriam concordar com que o atual acordo com o FMI, que vence em novembro próximo, seja de imediato prorrogado até o fim de 2003. Para facilitar uma rápida conclusão das negociações, essa prorrogação não precisaria envolver recursos novos, sendo de estrito caráter preventivo.

Em resumo, são as seguintes as medidas concretas sugeridas aos candidatos a presidente e seus partidos:

1) Comprometer-se com um novo estatuto para o Banco Central, que lhe outorgue autonomia operacional para a condução da política monetária, como forma de sinalizar que a dívida interna continuará a ser rolada sem rupturas nem reestruturações. Isso implicaria a imediata votação pelo Congresso da emenda constitucional que autoriza a regulamentação por partes do sistema financeiro nacional;

2) Votar favoravelmente à especificação, na LDO para 2003, de metas de superávit primário não inferiores a 3,5% do PIB para o período de 2004 a 2006, de forma a estancar o crescimento da dívida pública; e

3) Manifestar apoio à imediata prorrogação, por um ano, do atual acordo com o FMI, como sinalização de que a dívida externa será paga conforme contratada.

Adotando essas medidas, os candidatos e suas coligações partidárias poderiam então partir para a disputa eleitoral, tendo contribuído para a almejada reversão do atual clima de intranquilidade financeira.

2003 – Nove anos

NÚMEROS E CÉDULAS[20]

Gustavo H. B. Franco

O Real completou nove anos, sob nova administração. Pouca gente atinou que, comparado aos oito padrões monetários que o Brasil teve desde 1942, o Real é a moeda mais bem-comportada,[21] conforme demonstra a tabela na página seguinte.[22]

---

20. Originalmente "Nove anos do Real: chega de heróis humilhados", em *Veja*, 9 jul. 2003.

21. Isso inclui o Mil-Réis, que, todavia, ensejaria uma conversa técnica sobre o padrão-ouro, sobre suas "quebras" e sobre o "curso forçado". Houve muita turbulência monetária entre 1822 e 1942. Esse debate, a despeito do evidente interesse historiográfico, nos levaria muito longe dos temas deste trabalho.

22. A tabela está atualizada em relação à que foi publicada originalmente, no nono aniversário, em 2003. Evidentemente, nada mudou com respeito aos sete padrões monetários anteriores. Mas os campos para o Real – duração, inflação média e acumulada – dependem do período considerado.

Padrões monetários brasileiros, 1942-2023

	Padrão Monetário	Começa	Termina	Duração (meses)	Inflação[γ] Acumulada (%)	Média Mensal (%)	Média Anual (%)	"taxa de câmbio"[δ]
1	Cruzeiro	nov/42	jan/67	292	31.191	2,0	26,6	"1/1"
2	Cruzeiro Novo	fev/67	mai/70	40	90	1,6	21,2	"1/1000"
3	Cruzeiro	jun/70	fev/86	190	206.288	4,1	61,9	"1/1"
4	Cruzado	mar/86	dez/88	35	5.699	12,3	302,3	"1/1000"
5	Cruzado Novo	jan/89	jul/92[α]	15	5.937	31,4	2.558,8	"1/1000"
6	Cruzeiro	mar/90	jul/93	41	118.590	18,8	694,0	"1/1"
7	Cruzeiro Real	ago/93	jun/94	11	2.396	34,0	3.244,1	"1/1000"
8	Real	mar/94[β]	dez/23	353	690	0,6	7,3	"1/2750"

Notas:

α. O Cruzado Novo permaneceu em existência até a completa devolução dos Cruzados bloqueados em julho de 1992, portanto, o Cruzeiro de 1990 de fato conviveu com outra moeda, ainda que no subsolo.

β. O Real começou a existir *de jure* em março de 1994, com a designação URV, e "mudou de nome" para Real logo a seguir, em julho. A inflação no período foi apurada com o IPCA-IBGE na moeda de pagamento relevante, ou seja, a partir de julho de 1994.

γ. As inflações para todos os padrões, exceto o Real (para o qual se usa o IPCA-IBGE), foram calculadas com o IPC-Fipe.

δ. A "taxa de câmbio" na última coluna se refere à taxa de conversão da moeda em unidades da anterior.

Fonte: Fipe-USP; IBGE; e Gustavo H. B. Franco, *A moeda e a lei: uma história monetária brasileira, 1933-2013* (Rio de Janeiro: Zahar, 2017, p. 36).

O Cruzeiro foi instituído em 1942 e abolido em 1967. Durante seus 292 meses de existência, acumulou pouco mais de 31.000% de inflação, ou seja, uma média mensal de 2,0%. O Cruzeiro Novo, que o sucedeu, era um padrão transitório, um expediente para se cortar zeros. Durou 40 meses e a inflação mensal média durante sua vigência foi de 1,61%.

Em maio de 1970, as cédulas de Cruzeiros "velhos", dotadas de um carimbo dentro de um círculo, foram substituídas por cédulas inteiramente novas desenhadas por Aloísio Magalhães. Mas, como a inflação não recrudesceu, logo foram emitidas cédulas de denominações cada vez maiores: uma de Cr$ 500,00, tendo como motivo "figuras representativas da formação étnica brasileira" e trazendo um rosto por demais semelhante ao do mais célebre dos canastrões norte-americanos, o ator Victor Mature.

Em 1978, entrou em circulação a nota de Cr$ 1.000,00, o popular "barão", com a figura do Barão do Rio Branco. Tecnicamente, o "barão" era como uma cédula de um milhão de Cruzeiros de 1942. Nessa nova fase de sua existência (1970-1986), o Cruzeiro acumulou 206.288% de inflação, ou 4,1% mensais, em média, ao longo de seus 190 meses de vida.

Ironicamente, a última cédula emitida – a de Cr$ 100.000,00 – trazia a figura de JK: quem mais poderia ser o patrono dessa era do desenvolvimentismo inflacionista? Uma cédula de 100 mil, qualquer que seja a unidade, não é coisa de País sério.

O Plano Cruzado novamente cortou três zeros da moeda e tascou carimbos tanto em JK quanto em Oswaldo Cruz e Rui Barbosa. Villa-Lobos, Machado de Assis, Portinari e Carlos Chagas foram homenageados em novas cédulas sem carimbos. O Cruzado durou 35 meses, nos quais acumulou uma inflação de 5.699%, ou 12,3% mensais, em média.

Naquele momento as cédulas não tinham mais dísticos como "através desta se pagará..." ou "valor legal", ou seja, nada que indicasse que possuíam algum valor intrínseco, lastro, ou mesmo algum compromisso do governo quanto à preservação do poder de compra. A reforma monetária de 1986 introduziu o que muitos entenderam como um desabafo: Deus seja louvado!

O Cruzado foi substituído pelo Cruzado Novo, com outro corte de três zeros no âmbito do chamado Plano Verão, em janeiro de 1989, cabendo carimbos triangulares para Machado de Assis, Portinari e Carlos Chagas. Carlos Drummond de Andrade, Cecília Meireles e Augusto Ruschi foram homenageados em novas cédulas, valendo destacar o semblante melancólico do poeta, possivelmente se perguntando sobre o que fazia naquele turbilhão.

Destaque-se também, nesse momento, a cédula de NCz$ 200,00, que apareceu com a efígie da República (era 1989, o primeiro centenário), que depois seria a marca registrada das cédulas do Real, como se vê na Figura 2, na p. 67. O Cruzado Novo durou 15 meses, com 5.937% de inflação, ou 31,4% mensais, em média!

Em sequência, o governo Collor reinventou o Cruzeiro, e essa nova encarnação durou 41 meses, acumulando 118.590% de inflação, ou 18,8% mensais, em média. Drummond, Cecília Meireles, Ruschi e a República ganharam carimbos retangulares. Rondon, Carlos Gomes, Vital Brazil, Câmara Cascudo e Mário de Andrade foram homenageados em novas cédulas.

A Figura 1 ilustra esse turbilhão mostrando cinco diferentes cédulas de 1 mil para cinco padrões monetários quase sucessivos, cada mudança ensejando um corte de três zeros. Como a figura permite ver: um "anísio" (CR$ 1.000,00) equivale a um trilhão de "cabrais" (Cr$ 1.000,00), ou um quatrilhão de Cruzeiros de 1942.

Figura 1

Cédulas de 1.000. Cabral aparece no Cruzeiro de 1942 (acima, com o carimbo de 1967, que lhe retirou três zeros). O "barão" é do Cruzeiro de 1970, que circulou a partir de 1978. Um "barão" correspondia a um milhão de "cabral". Machado aparece numa cédula do Cruzado, que circulou a partir de 1987. O carimbo triangular assinala a reforma para o Cruzado Novo (Plano Verão), em janeiro de 1989. Um "machado" correspondia a mil "barões". Rondon aparece numa cédula do Cruzeiro do Plano Collor, que começou a circular em maio de 1990. Um "rondon" correspondia a mil "machados". Anísio Teixeira, educador, aparece na cédula de 1.000 Cruzeiros Reais, que entrou em circulação em outubro de 1993. Um "anísio" correspondia a mil "rondons". Em resumo, um "anísio" correspondia a um trilhão de "cabrais".

Nessa ocasião, as famílias de nossos heróis nacionais se dividiam quanto à "homenagem": algumas insistiam em que o herói fosse "eternizado" numa cédula, afinal, eram muitas as vagas que se abriam; e outras proibiam o governo de utilizar a imagem de seu parente ilustre.

Em meados de 1993, mais uma vez se fez um corte de zeros, e o padrão monetário passou a se chamar Cruzeiro Real, que viveu durante 11 meses, com 2.400% de inflação acumulada, ou 34% mensais, em média, a pior de todas. Pouco antes desse novo padrão, foi colocada em circulação uma cédula de 500 mil: Mário de Andrade para Cr$ 500.000,00.

A cédula de um milhão estava a poucos meses de distância, caso nada fosse feito. Veio o Cruzeiro Real, cortando três zeros e, com isso, Cascudo e Mário de Andrade ganharam carimbos redondos. Anísio Teixeira ganhou uma cédula nova, a última em que apareceu um brasileiro ilustre. O Banco Central, àquela altura, já começara a usar motivos regionais, a fim de evitar problemas com as famílias de nossos heróis. O gaúcho (Cr$ 5.000,00) e a baiana (Cr$ 50.000,00) estavam em circulação quando o Real foi lançado.

A reforma monetária de 1994 criou uma situação nova para os responsáveis pelo meio circulante brasileiro: colocar de uma vez toda a família de cédulas em circulação.

Era uma logística complexa, começando pelo desenho. Foi preciso simplificar, trabalhar com prensas existentes, mas tudo estava pronto em 1º de julho, quando o Real começou a circular. As novas cédulas trouxeram a efígie da República e animais variados no reverso, como é possível ver na Figura 2.

Figura 2

Reaproveitamentos. A reforma monetária de 1994, diferentemente das anteriores, resultou em que se introduzisse toda a família de cédulas de uma vez (cédulas de 1, 5, 10, 50 e 100). Era um desafio logístico e iconográfico. Com isso, foi necessário trabalhar com prensas já existentes, reaproveitando-se desenhos e soluções gráficas já empregados em cédulas de padrões anteriores. A efígie da República da cédula de 200 Cruzados Novos (acima, carimbada para 200 Cruzeiros do Plano Collor) tornou-se a face do anverso das cédulas do Real. O beija-flor do verso da cédula de um Real já tinha aparecido na cédula de 100 mil Cruzeiros (acima, na versão carimbada para convertê-los em 100 Cruzeiros Reais).

Bem, em resumo, o Real pôs fim a um triste festival de humilhação dos símbolos nacionais. E o fato mais marcante a assinalar em seu nono aniversário é que passou o tempo de remoer as polêmicas que cercaram o seu nascimento e a nossa moeda está muito bem cuidada. Talvez só agora seja possível dizer que o Real deixou de pertencer a um partido e a um presidente e passou, finalmente, a ser de todos nós.

2003 – Nove anos

Escolhas difíceis[23]
Pedro Malan

Nos últimos 12 meses, o Brasil mostrou ao mundo que continua avançando em termos de maturidade política e nível do debate econômico – apesar das aparências em contrário. Foi revertido o clima negativo, beirando o quase pânico que se instaurou, a partir de abril/maio de 2002, em mercados, como sempre, movidos por expectativas quanto ao curso futuro dos eventos. Expectativas à época afetadas por um cenário internacional adverso, por presumidas "vulnerabilidades" nossas e por incertezas sobre o que poderiam vir a ser as políticas do futuro governo.

Essa reversão foi o resultado de uma combinação de fatores: uma gradual mudança na postura e no discurso do então principal partido oposicionista a partir de junho de 2002; uma inédita e exemplar transição pós-eleitoral entre a administração que terminava e a que assumia; uma firme e coerente condução da política macroeconômica pelo novo governo desde sua posse, reafirmando, agora na prática, compromissos com a estabilidade e recusando

---

23. Originalmente "Falsos dilemas, difíceis escolhas...", em *O Estado de S. Paulo*, 8 jun. 2003.

voluntarismos e efeitos especiais. E uma determinada mobilização do novo governo, junto ao Congresso, pelo encaminhamento da agenda de reformas que as oposições, pelas razões hoje conhecidas, não haviam apoiado durante o governo anterior.

Esse sucesso na reversão do clima que marcou boa parte do ano de 2002 não deve ser subestimado. Na verdade, foi fundamental para o País. O Brasil, mais uma vez, surpreendeu os céticos e os derrotistas, evitando um rumo por muitos erroneamente antecipado. O fato de esse resultado positivo ter sido possível por avanços alcançados pela sociedade brasileira ao longo dos últimos anos não diminui, de forma alguma, os méritos do atual governo. Que até o momento, na área macroeconômica, mostrou serenidade, pragmatismo e visão. Entretanto, a condução da política econômica nestes primeiros cinco meses do novo governo vem sendo questionada e apresentada como uma simples – e indesejável – extensão da política econômica do governo anterior. A crítica é equivocada.

Tem razão o ministro Antonio Palocci quando diz que na maioria dos países de alguma expressão econômica no mundo "ninguém mais questiona" se um governo, independentemente de sua coloração político-partidária, deve ou não ser fiscalmente responsável, preservar a inflação sob controle ou respeitar contratos e acordos. Essas são algumas das responsabilidades básicas de qualquer governo que exerça de forma responsável a gestão da coisa pública. Como foram governos de esquerda na Espanha (Felipe González), na França (Mitterrand e Jospin), na Itália (D'Alema), como é o governo da concertação socialista do Chile de Lagos. Como vem sendo, até agora, o governo Lula.

À primeira vista, poderia parecer, portanto, que esse é um debate superado, ou em via de superação no Brasil. Mas o fato é que a imprensa registra um número crescente de vozes, inclusive do próprio governo, que vêm se referindo à política de reafirmação do compromisso com a estabilidade dos últimos cinco meses como uma espécie de "plano A" ou uma curta "fase de transição" prestes a ser concluída, quando então – e só então – começaria, de fato, o "verdadeiro" governo Lula. Este, sim, voltado para o crescimento da atividade econômica, do investimento, do emprego, da renda e da justiça social no País. Objetivos que, assim formulados, não têm um só opositor entre os 175 milhões de brasileiros.

É incorreta a percepção de que é preciso escolher, no tempo, entre estabilidade e crescimento econômico. "Falso dilema" é o título de um artigo clássico de Raúl Prebisch sobre essa escolha, publicado há mais de 40 anos – e há centenas de outros, desde então, com o mesmo argumento. Não existe um período no qual se conquiste a estabilidade de forma definitiva e dela se possa esquecer nos períodos seguintes, na suposição de que a instabilidade não voltará, independentemente das outras decisões de um governo. A estabilidade macroeconômica não é algo que um País, um dia, incorpore definitivamente a seu patrimônio histórico--cultural, ao DNA de sua sociedade, e passe a tratar de outros assuntos mais interessantes. Ela tem de ser preservada continuamente. Não é um objetivo em si mesmo, tampouco uma condição suficiente para o desenvolvimento econômico e social de um País. Mas é, seguramente, uma condição necessária, porque sem a estabilidade o crescimento econômico não se sustenta ao longo do tempo. Assim como sem crescimento a estabilidade não se consolida.

Certamente é possível, desejável e imprescindível continuar avançando na construção das bases para o crescimento sustentado, mesmo enquanto se está lidando com desequilíbrios e instabilidades macroeconômicas. Na verdade, fez-se isso no período 1993-2002, que não foi, à diferença do que pensam alguns, uma década perdida do ponto de vista do desenvolvimento econômico e social do País. O Brasil mudou, tanto do ponto de vista quantitativo quanto do qualitativo, ao longo dos últimos dez anos. E os inúmeros indicadores econômicos e sociais disponíveis mostram que não foi para pior.

O agronegócio brasileiro teve um desempenho extraordinário nos últimos anos, baseado em aumento de produtividade e incorporação de progresso técnico. Inúmeros setores da indústria são hoje bastante competitivos na disputa por mercados externos. Outros o são na competição com produtos importados. O mesmo vale para serviços. A infraestrutura brasileira, apesar de ainda precária, é melhor do que era. E, extremamente importante, o setor *tradeable* (produção exportável e produção doméstica competitiva com importações) vem aumentando, ao longo dos últimos anos, a sua participação no PIB. Essa mudança estrutural é a principal responsável pela redução da chamada vulnerabilidade externa da economia brasileira.

Em resumo, não há nada de fundamentalmente errado com o potencial de crescimento da economia brasileira, que pode crescer a taxas bem mais altas que as atuais, dependendo do contexto internacional, da confiança do setor privado, da estabilidade econômica e político-institucional e de ações governamentais voltadas para estimular a eficiência e a produtividade da economia, sem as quais não existe crescimento sustentado. A tarefa é complexa e exige não só o abandono de voluntarismos como uma visão de médio e longo prazos.

Nesse sentido, estava certo o ministro Palocci, ao criticar "histerias" às vésperas de cada reunião do Copom e propor a "não ideologização" do legítimo e importante debate sobre política monetária e sobre o papel do Banco Central.[24] O Brasil não dará um salto automático na direção do desenvolvimento econômico porque o Copom, em algum momento – que haverá de chegar –, reduziu a taxa básica de juros. Como parecem supor os que advogam a necessidade de "pressão política" sobre a instituição. Não estamos começando do zero um processo de criação das bases para um sustentado crescimento com mudança estrutural e aumento de produtividade. Esse processo já vem ocorrendo há muitos anos e é importante que se lhe dê continuidade. O mesmo se aplica ao desenvolvimento social. Em outras palavras, o que é legítimo e razoável esperar do governo Lula é que possa entregar a seu sucessor um País melhor do que aquele que recebeu. Como fez o governo FHC.

24. Originalmente em *Veja*, 28 mai. 2003.

2003 – Nove anos

CREDIBILIDADE[25]

Pedro Malan

Qualquer governo tem suas cotas de acertos e desacertos. O de Lula não será exceção. O Brasil é um País extraordinário, mas complexo e difícil de governar, como cedo descobrem aqueles que se propõem a fazê-lo, combinando as éticas da convicção e as da responsabilidade.

Uma coisa é a eloquência dos discursos eleitorais, marcados por certezas, promessas e propostas de soluções para todo tipo de problema. Outra coisa, à qual o discurso eleitoral precisa (por vezes penosamente) se adequar, é o pragmatismo responsável a que estão obrigados aqueles que, no exercício do governo, têm de lidar com recursos escassos, com inevitáveis conflitos de interesse e, no dia a dia, com as incertezas, os riscos e as consequências de suas inescapáveis decisões – e não apenas as operacionais.

Com efeito, numa democracia de massas a sociedade civil é uma inesgotável fonte de demandas dirigidas ao governo – que é obrigado a tentar lhe dar respostas. A quantidade e a rapidez com que emergem essas demandas – e as expec-

[25]. Originalmente "Credibilidade, confiança e crescimento", em *O Estado de S. Paulo*, 13 jul. 2003.

tativas de que sejam atendidas – são de tal ordem que poucos sistemas políticos podem a elas responder adequadamente, pelo menos nos prazos esperados pelos demandantes.

Norberto Bobbio sintetizou bem a questão: a democracia tem a demanda fácil e a resposta difícil; a autocracia, ao contrário, não só está em condições de controlar a demanda e torná-la mais difícil (por ter sufocado a sociedade civil), como é, efetivamente, muito mais rápida nas respostas (por não ter de observar os complexos procedimentos decisórios próprios de um regime democrático).

Esse é o grande desafio de qualquer governo democrático. É um desafio ainda maior no Brasil, por duas razões. Primeiro, porque somos uma sociedade ainda injusta, com carências e mazelas sociais que são ética e politicamente incompatíveis com o grau de civilização que acreditamos haver alcançado. Segundo, porque o próprio governo atual, no curso de sua longa (e, afinal, bem-sucedida) caminhada para chegar ao poder, alimentou e exacerbou muitas dessas demandas, gerando a expectativa de que elas seriam atendidas no espaço de sua gestão. Essa observação não é uma crítica a um legítimo procedimento democrático. É a constatação de uma situação objetiva que o novo governo está sendo obrigado a enfrentar. As mudanças, as reformas, o desenvolvimento econômico e social, que pareciam – no discurso – simples consequências do exercício de "vontade política", parecem – na prática – muito mais complexos, dados os reais conflitos de interesse envolvidos e a capacidade de vocalização dos setores mais organizados da sociedade civil – que nem sempre representam a desorganizada e esperançosa maioria.

No entanto, é assim que o País avança. Um velho mestre e amigo, Albert O. Hirschman, tem uma pertinente observação sobre esse processo: "(...) um genuíno processo político democrático significa que muitos dos que dele participam têm apenas uma opinião inicial aproximada e um tanto incerta sobre várias questões da política pública. Não obstante o ar de certeza com que anunciam as suas posições, as posturas mais definidas de muitos emergem apenas no curso dos debates e deliberações sobre o tema (...). A principal função desses debates é a de desenvolver novas informações e novos argumentos. Como resultado, posições finais podem, eventualmente, ficar a alguma distância daquelas inicialmente mantidas – e não apenas como resultado de compromisso político com forças opostas."

Quero crer que esse processo esteja em curso no Brasil. Alguém já o disse: ainda não sabemos se, como e em que extensão o governo do PT vai mudar o País; mas já sabemos uma coisa: o Brasil mudou e vem mudando o PT ou, pelo menos, parte dele. Como eu acho que, no geral, o Brasil não vem mudando para pior e que, apesar de seus inúmeros e inegáveis problemas, tende a melhorar, o que foi escrito acima deve ser lido como expressão de cautelosa confiança no futuro.

De fato, tenho procurado fazer justiça à condução pragmática e responsável da política macroeconômica por parte do novo governo em seus primeiros seis meses, confirmando um processo de mudança de postura que se havia tornado mais claro desde junho do ano passado e continuado durante a transição. Ao mesmo tempo, tenho expressado preocupação com a intensidade de algumas interpretações correntes, saídas inclusive de dentro do governo, sobre a transitoriedade dessa fase inicial, que estaria prestes a ser concluída, quando, então, o governo Lula assumiria ou mostraria sua "verdadeira face".

O próprio presidente pareceu endossar essa ideia ao anunciar, em famoso improviso, o início do "espetáculo do crescimento". Felizmente, o realista texto lido pelo presidente em São Paulo no dia 4 de julho menciona "a reativação gradativa da economia rumo à retomada do crescimento sustentado", enfatizando que "não há mágicas, não há sustos, não há coelhos a tirar da cartola"; que "o crescimento exige muito trabalho e seriedade"; e que a estabilidade macroeconômica "reconquistada é o nosso alicerce", sobre o qual "vamos construir o edifício do desenvolvimento". Registro a ponderação dessas palavras lidas, porque a credibilidade do governo e a confiança no governo são alicerces indispensáveis em qualquer processo sustentado de desenvolvimento econômico e social. Não são os únicos.

O Brasil é um País em construção. Uma construção que não se inicia agora e não estará "concluída" em uma geração, muito menos em uma administração. Uma construção que precisa de alguns pilares imprescindíveis, além da credibilidade e da confiança iniciais que um governo possa inspirar.

Na verdade, a preservação da credibilidade e da confiança depende de avanços na consolidação de quatro processos principais: estabilidade macroeconômica – que, vale repetir, não é e nunca foi um fim em si mesmo; estabilidade político-institucional, administrativa e jurídica; políticas setoriais para o setor produtivo, focadas no aumento da produtividade, da competição e da eficiência dos marcos regulatórios, com a necessária clareza e previsibilidade de regras que permitam um clima favorável ao investimento privado e público; e eficiência operacional do Estado (nos três níveis de governo), na utilização de recursos públicos e na mobilização da sociedade civil, para alcançar, ao longo do tempo, objetivos sociais em relação aos quais há hoje unanimidade no Brasil, pelo menos no nível de generalidade com que são usualmente formulados.

É fácil falar e escrever. É difícil fazer. Mas não há alternativa senão tentar. E só não erra quem não faz, não tenta e não decide. Todo e qualquer governo, em qualquer parte do mundo, tem suas cotas de acertos e desacertos. O governo Lula não é – e não será – exceção.

2003 – Nove anos

O DEBATE SOBRE CRESCIMENTO[26]

Pedro Malan

O País não só vem mudando, como também está aprendendo no processo, penoso como possa parecer. *Como vencer um debate sem precisar ter razão* é o título da edição em português de um belo texto de Schopenhauer. Seus 38 estratagemas estão praticamente todos, de uma forma ou de outra, presentes no debate atual sobre o Brasil e seu futuro. Inclusive no debate mais específico sobre o que estaria dificultando nosso crescimento a taxas mais elevadas que a média dos últimos 20 e poucos anos, seguramente aquém das potencialidades do País.

Como o objetivo de procurar acelerar de forma sustentada o crescimento econômico é virtual consenso, poder-se-ia esperar um debate concentrado sobre os meios mais eficazes de alcançar um objetivo comum e por todos compartilhado. Infelizmente, o debate está dominado por vertentes retóricas não muito promissoras. Por um lado, seletivas interpretações de um passado visto como de desempenho extraordinário do País, na busca de nele encontrar lições, práticas e procedimentos para enfrentar os problemas do presente e

26. Originalmente em *O Estado de S. Paulo*, 12 out. 2003.

do futuro. Por outro, vertentes caracterizadas por adjetivações de "agendas" (perdida, morta, inacabada, interditada); por eloquentes defesas de um novo modelo econômico; por necessidades, tidas como imperiosas, de formulação de um novo projeto nacional, para não falar em apelos à construção de outros mundos possíveis.

Duas observações de Hirschman a respeito desse tema, com 30 anos de distância, mostram a permanência da questão e a pertinência da crítica: "O estudo intensivo do problema do desenvolvimento econômico tem produzido uma lista infindável de fatores e condições, de obstáculos e pré--requisitos (...), gerando sérias dúvidas sobre a possibilidade mesma de desenvolvimento econômico (...). Enumerar precondições e apresentar abrangentes estratégias de mudança serve apenas para configurar um sistema utópico para transformar tudo o que é característico da realidade (...), equivalendo ao desejo de que esta realidade fosse outra."

Mas, façamos justiça, há outras correntes no debate que não estão dedicadas a listar pré-requisitos e condições necessárias. Mesmo porque partem do princípio de que o Brasil, nos 100 anos que se estendem de 1880 a 1980, já teria sido uma das economias que mais cresceram no mundo. Na linguagem poético-depressiva de um observador recente, o Brasil teria passado de cisne-líder singrando as águas do desenvolvimento para patinho feio quase no fim da fila. Tratar-se-ia de entender como o sucesso teria sido possível no passado e aplicar, no presente, as lições aprendidas com as práticas e os procedimentos eficazes da época – em particular, no que diz respeito a certas características do ativismo governamental nos anos 30, 50 e 70 do século XX. Mesmo sabendo que o Brasil mudou, que o mundo mudou e que tanto as restrições como as oportunidades de hoje são distintas das que prevaleceram no passado.

Há também vertentes que se concentram na gestão macroeconômica para o crescimento. Em evidência, no momento, a que considera como pré-requisito fundamental e urgente, para a aceleração do crescimento, a drástica alteração na relação câmbio-juros na direção de juros muito mais baixos e de uma taxa de câmbio muito mais depreciada. Sobre juros, nominais e reais, há virtual consenso no País sobre a importância, no momento, de continuidade da trajetória de redução que vem tendo lugar. Sobre câmbio, é sabido que, sob determinadas condições, uma depreciação da taxa de câmbio real efetiva, se preservada, poderia, na margem, deslocar tanto a demanda externa quanto a demanda doméstica na direção de bens *tradeable* produzidos internamente, se a alteração de preços relativos fosse percebida como duradoura. Mas é surpreendente encontrar um texto como este: "A maneira de criar o cenário sustentável de equilíbrio (...) é colocar o câmbio em um patamar tal que elimine de vez a possibilidade de novas desvalorizações!"

Há, todavia, um crescente reconhecimento de que a gestão macroeconômica, por melhor que possa ser, não é suficiente, por si só, para assegurar um processo sustentado de crescimento, que depende da geração de um clima favorável ao investimento. Isso nos remeteria a temas microeconômicos, a contextos regulatórios, à legislação tributária e trabalhista, ao ânimo empresarial e ao grau de confiança no governo e no País. O fato é que a lista desses temas é infindável, traduzindo, na verdade, um fato real: o desenvolvimento econômico e social – do qual o crescimento é um componente –, ali onde foi alcançado de forma duradoura, resultou de interações de um conjunto de circunstâncias (históricas, geográficas, políticas, institucionais, jurídicas e administrativas) e, por suposto, da ação humana, tanto no setor privado quanto no setor público. Sempre a partir de realidades objetivas configuradas pelo passado, bem como de estados de ânimo e confiança no futuro. Em outras palavras, o desenvolvimento não é o resultado da aplicação de um modelo, mas de processos de mudança que se reforçam mutuamente e estão em curso também no Brasil.

É melhor procurar entendê-los, consolidar avanços já alcançados, estar mais atento a processos em curso que possam ser melhorados (sem tentativas de reinventar a roda) e procurar ser específico nas propostas. E fazer um esforço sério para evitar que promissoras controvérsias sejam tornadas estéreis pela força das ideologias ou pelos descaminhos da semântica. Felizmente, há indícios de uma gradual mudança nos termos do debate sobre crescimento econômico a taxas mais altas no Brasil. Refiro-me, apenas como exemplo, a duas contribuições recentes, apresentadas, respectivamente, por Persio Arida e por Edmar Bacha e Regis Bonelli. Há outras, das quais o espaço deste artigo não permite tratar agora.

Arida colocou uma questão específica e fundamental no centro do debate. Por que a taxa de juros real no Brasil tem sido muito superior às taxas de juros reais que prevalecem no resto do mundo desenvolvido e em desenvolvimento? Arida não procurou responder diretamente à pergunta, mas, na melhor tradição dos antigos gregos, levantou cinco ou seis hipóteses, não mutuamente exclusivas, encorajando, dessa forma, a profissão a aprofundar o debate na busca de convergências e explicitação do dissenso, em torno dessa questão tão central para o crescimento, o investimento e o emprego.

Bacha e Bonelli apresentaram trabalho recente em seminário na UFRJ sobre a métrica do crescimento brasileiro nos últimos 60 anos, com foco na relação poupança-investimento, em particular na evolução da eficiência do capital, no preço relativo do investimento e na utilização da capacidade no período, sugerindo as convergências possíveis na interpretação teórica da evidência empírica disponível. Esses novos sinais de vida no debate sobre crescimento se tornam possíveis porque o novo governo manteve, com coragem, o compromisso do País com a responsabilidade fiscal e o controle da inflação. E, talvez, por conta de um certo cansaço com seletivas nostalgias, demandas por novos e abrangentes modelos, velhas opiniões formadas sobre tudo e receitas simplórias e voluntaristas para problemas complexos. O Brasil não só vem mudando, como também está aprendendo no processo, penoso como possa parecer. Acreditar em sua continuidade não é uma de todo insensata esperança.

2004 – Dez anos

CONVERGÊNCIA[27]

Gustavo H. B. Franco

No sábado, 28 de fevereiro de 2004, completaremos dez anos da publicação da Medida Provisória nº 434 (assinada na véspera, dia 27), que introduziu a URV, Unidade Real de Valor, uma formidável inovação, uma segunda moeda nacional, porém virtual, ou seja, "para servir exclusivamente como padrão de valor monetário" (artigo 1º).

A inflação beirava os 40% mensais, mas, em vista do modo como foi construída, a URV era uma moeda (de conta) estável, superior às outras em circulação ou em uso para indexar contratos, e por isso naturalmente as substituiu. Teve início, assim, uma reação química em cadeia, uma metamorfose espontânea nas relações econômicas que trouxe a inflação, no Brasil, para níveis internacionais no início de 1997 sem sustos, confiscos nem recessão.

E pouca gente lembra que, na partida, em seu artigo 2º, a MP nº 434 determinava que, quando a URV fosse emitida em forma de cédulas e moedas, e assim passasse a circular fisicamente, e não apenas na esfera dos contratos, teria seu nome mudado para Real.

---

27. Originalmente em *Veja*, 3 mar. 2004.

A URV, portanto, era o Real, que nasceu naquele momento e, quatro meses depois, em 1º de julho, teve a sua maioridade, ou a sua graduação bem-sucedida como a única moeda nacional. Pois, naquele momento, o Cruzeiro Real seria extinto, tal como previsto na MP nº 434, e as novas cédulas e moedas do Real colocadas em circulação.

Faz sentido celebrar o 28 de fevereiro tanto quanto o 1º de julho. Ambas as datas são marcos fundamentais da redenção de um dos nossos mais maltratados símbolos nacionais: a moeda. Nem de longe a bandeira e o hino, e mesmo a Presidência, foram tão enxovalhados.

A temporada de balanços, revisões e cadernos especiais começa agora, chegando ao clímax em 1º de julho. Contudo, à diferença de outros aniversários do Plano Real, talvez possamos celebrar o fato de que faz dez anos que temos uma moeda digna desse nome sem que isso se transforme em evento político ou partidário, contra ou a favor. Após dez anos, podíamos estipular que ficam prescritos os dividendos políticos e também as críticas peçonhentas e artificiais que, aliás, não combinam propriamente com o que vem fazendo o PT no governo. E assim podemos olhar com orgulho para o nosso passado, celebrar uma conquista maravilhosa, que é de todos, sem oportunismo nem recalques.

Nos primeiros anos do Real não tínhamos a cultura política dos "temas suprapartidários", coisa que os países do Norte aprenderam durante as guerras mundiais. Aqui, a despeito de estarmos vivendo uma hiperinflação, uma "urgência nacional" inequívoca, a oposição fazia o possível e o impossível, no Legislativo, na imprensa, nos bastidores e nos tribunais, para atrapalhar a estabilização. Era como se o País estivesse em guerra e a oposição votasse contra as verbas para as Forças Armadas.

Uma das lições que poderíamos tirar, dez anos depois, e num momento em que o governo precisa da ajuda da oposição, é a de que o primeiro capítulo da reforma política deveria ser o abandono da cultura do "não colocar azeitona na empada alheia mesmo quando for para o bem do País". Essa lógica apenas diminui a política e os políticos.

A passagem do tempo e a alternância no poder serviram para demonstrar que os programas do governo e da oposição são muito semelhantes, com imensas áreas de superposição, e que, portanto, existem muitos temas "suprapartidários". Nestes, o País poderia caminhar mais depressa, pois os governos podem começar onde pararam os anteriores sem que se tente desfazer ou reinventar o passado.

Sim, os progressos da "era FHC" (estabilização, responsabilidade fiscal, privatização, abertura, saneamento do sistema bancário, reconhecimento de esqueletos etc.) tiveram raízes em governos anteriores, e os de agora apenas se tornam possíveis porque as encrencas precedentes puderam ser ultrapassadas. O noticiário escandaloso não deve ocultar o fato de que os progressos têm sido cumulativos, o crescimento está sendo construído e a democracia funciona para resolver problemas econômicos, embora pudesse funcionar mais rápido sem aquele problema da azeitona.

2004 – Dez anos

HERANÇA E ESQUIZOFRENIA[28]
Pedro Malan

Exatos dez anos atrás, a inflação brasileira acumulou a extraordinária marca de 5.000%, 12 meses terminados em junho de 1994. Não foi uma súbita erupção. Entramos na década de 1970 com cerca de 20% ao ano. Em meados dessa década estávamos em 40%. Ingressamos nos anos 1980 com cerca de 100%. Chegamos a quase 250% em 1985 e a 1.000% em 1988, taxa esta inferior à média do quinquênio 1988-1992. Em 1993, chegamos a 2.700%. Éramos vistos por muitos como um País meio bêbado, incapaz de equacionar seus problemas e vislumbrar seu futuro.

A inflação, crônica e crescente por mais de duas décadas, era poeira, zumbido e zoeira, dificultando a compreensão dos verdadeiros desafios a enfrentar. Foram necessários cerca de dez anos de intensos debates, cinco tentativas de estabilização e estudos sobre as experiências de outros países para que se derrotasse a hiperinflação brasileira em 1994, com o lançamento do Real.

Essa vitória e os primeiros dez anos da nova moeda per-

---

28. Originalmente "Heranças, ambiguidades e esquizofrenias", em *O Estado de S. Paulo*, 13 jun. 2004.

mitiram não apenas que o País começasse a vislumbrar de forma um pouco mais clara – embora nem por isso menos penosa e controvertida – alguns de seus problemas fundamentais, antes encobertos pelo inebriante efeito da droga. Mais importante, o fim do flagelo da hiper – e a perspectiva que se abria de um duradouro período de inflação mais civilizada – exigiu que o País enfrentasse as consequências desse fato – que não foram nada triviais – tanto para o setor público quanto para o setor privado.

Agora, passados dez anos, vem se consolidando uma herança que não pode ser adjetivada negativamente, muito pelo contrário, porque permitiu que o Brasil fizesse uma espécie de jornada para dentro de si mesmo. Com olhos menos embaçados e se transformando profundamente no processo.

Passados exatos dez anos, a sociedade brasileira considera que a relativa estabilidade de preços é uma conquista sua e deve ser preservada por qualquer governo, independentemente de sua ideologia ou coloração político-partidária. Isso é um avanço extraordinário que deve ser comemorado em seu décimo aniversário.

Ocasião, talvez, de fazer justiça ao governo atual – ou, ao menos, a uma parte dele – por ter percebido esse fato e preservado o objetivo de controle da inflação não como um fim em si mesmo, mas como condição necessária, ainda que não suficiente, para um duradouro processo de desenvolvimento econômico e social no País. Como sempre afirmou, reiteradamente, ao longo de oito anos, o governo do presidente Fernando Henrique Cardoso.

O aprendizado da sociedade e dos governos vem permitindo o aprofundamento do debate sobre crescimento sustentado a taxas mais altas que a média dos últimos 20 e poucos anos, cuja necessidade é uma unanimidade nacional no nível de generalidade em que o objetivo é normalmente formulado.

Mas, como no caso do Real, os verdadeiros problemas não estão nos eloquentes enunciados gerais sobre coisas tidas como desejáveis e necessárias. O diabo está nos detalhes operacionais e no grau de eficiência com que são implementadas políticas e ações específicas. É sobre esses fundamentais "detalhes", e não sobre generalidades, que surgem controvérsias, ambiguidades e esquizofrenias – para usar um termo recentemente introduzido no debate público por importante ministro do atual governo.

Heranças afetam controvérsias quando estas últimas não são sobre objetivos ou meios para alcançá-los, e sim sobre o processo por meio do qual se chegou à situação atual. O peso da herança do passado em controvérsias, ambiguidades e esquizofrenias de hoje é visível, por exemplo, na discussão sobre a forma e o conteúdo específicos do ativismo governamental na área econômica, até hoje marcado, no Brasil mais do que em qualquer outro País de expressão no mundo, pela experiência dos anos 30, 50 e 70 do século passado.

A maioria dos economistas considera, como Stiglitz, o conhecido prêmio Nobel, que certas intervenções governamentais podem melhorar uma determinada situação. Mas é o próprio Stiglitz que insiste em que a palavra "pode" é essencial. E que propostas de ação governamental deveriam satisfazer dois critérios: tratar de uma reconhecidamente grave imperfeição de mercado; serem desenhadas de forma eficiente para que seus benefícios superem seus custos.

É errado imaginar, diz Stiglitz, que qualquer intervenção do governo, por bem-intencionada que seja, terá necessariamente o condão de melhorar as coisas. A lição a extrair é que se devem evitar generalidades, definindo com clareza a natureza específica, os detalhes e as implicações da intervenção pretendida. Excessivas ambiguidades podem ter sua origem no excesso de formulações genéricas que permitem várias e concorrentes interpretações.

Heranças também podem gerar ambiguidades e esquizofrenias quando há textos, principalmente recentes, associados a um determinado partido quando na oposição, que não parecem compatíveis com políticas e ações concretas quando no governo. Essa "dissonância cognitiva" talvez possa ser equacionada ao longo do tempo, à medida que a herança dos textos de ontem vá perdendo peso relativo para os textos e, principalmente, para as ações e políticas de hoje.

Por último, a sensação de ambiguidade e esquizofrenia pode ser gerada não por herança do passado, mas por uma contemporânea contraposição entre discursos lidos, improvisos no calor da hora, declarações em *off*, vazamentos e "fogo amigo". Nem todos exatamente compatíveis entre si e com os discursos lidos, gerando em alguns casos claras percepções de ambiguidades e esquizofrenias.

2004 – Dez anos

LIÇÕES DE UMA DÉCADA[29]
Edmar Bacha

A experiência destes dez anos, desde o início do Plano Real, mostrou que não basta o fim da inflação para fazer o País voltar a crescer vigorosamente. O modelo nacional-desenvolvimentista, que faliu no fim da década de 1970, baseou-se no tripé correção monetária, controle pelo governo da formação de capital e substituição pesada de importações. Com muita inflação, intromissão estatal e concentração de renda, manteve o PIB crescendo a taxas superiores a 6% ao ano por quase 30 anos.

Para repetir esse desempenho, sem os males que acompanharam o nacional-desenvolvimentismo, os pilares de um novo modelo de crescimento precisam fincar pé no País. A experiência dos últimos dez anos mostra a necessidade de se reduzir a vulnerabilidade externa, fomentar a formação privada de capital e acelerar os ganhos de produtividade. As políticas para alcançar esses objetivos envolvem a "exportabilidade" da produção nacional, o fortalecimento das relações contratuais e o combate à informalidade. Se não, vejamos.

---

29. Texto inédito, 24 jun. 2004.

Por exportabilidade da produção nacional se quer dizer que, ainda que a maior parte dessa produção seja destinada ao mercado interno, ela deve ter qualidade e preço para competir nos mercados internacionais. As exportações constituem um ativo que é internacionalmente colateralizável, ou seja, servem como garantia, explícita (pela securitização de recebíveis) ou implícita (pela valorização acionária), para a obtenção de empréstimos internacionais de longo prazo.

Não basta que a produção possa ser exportada, é preciso que o empresário queira exportá-la. Isso não ocorrerá se o mercado interno for protegido e o produtor nacional tiver margens de lucro nas vendas internas maiores do que nas vendas externas. "Exportabilidade" quer também dizer contestabilidade do mercado interno: o produtor nacional tem que concorrer com as importações no mercado interno em condições semelhantes às que enfrenta no mercado internacional. Somente assim seu produto será, de fato, um ativo colateralizável nos mercados financeiros internacionais.

A redução da vulnerabilidade externa não se dará, pois, nem pela substituição de importações nem pelo fechamento do País à poupança externa. Ao contrário, a ampliação, pela exportabilidade, do volume de ativos domésticos internacionalmente colateralizáveis permitirá às empresas brasileiras ganhar maior acesso à poupança externa, permitindo-lhes aproveitar melhor as oportunidades de investimento no País.

Como demonstra o caso da Austrália, e mesmo o dos Estados Unidos, países em que a exportabilidade é manifesta, dificilmente a poupança externa poderá chegar a 5% do

PIB por longos períodos. Assim, a maior parte da formação de capital com certeza terá que ser financiada internamente.

Por isso, o segundo pilar de um novo modelo de crescimento é o fortalecimento das relações contratuais internas, especialmente, mas não exclusivamente, as de natureza financeira.[30] Indo direto ao ponto: não existe um mercado de crédito de longo prazo no País porque não dispomos de um ativo financeiro doméstico sem risco de inadimplência, à semelhança da dívida pública nos países industrialmente avançados. Se entendermos o termo "jurisdição" como designando o poder do Estado decorrente de sua soberania para editar leis e ministrar justiça, podemos, alternativamente, dizer que há hoje no Brasil uma enorme incerteza quanto à estabilidade e à segurança dos contratos financeiros firmados sob a jurisdição brasileira.

Essa incerteza jurisdicional gera uma resistência de indivíduos e firmas a tornar sua poupança disponível para aplicações financeiras no País, impedindo, assim, a existência de um mercado de crédito de longo prazo. Tradicionalmente, os responsáveis pela política econômica brasileira perceberam os limites ao crescimento impostos pela inexistência de poupança privada de longo prazo localmente. Mas interpretaram esse fato como sendo consequência não da incerteza jurisdicional, e sim de falhas de mercado – miopia e falta de coordenação no setor privado, por exemplo – que requeriam

---

30. Os próximos parágrafos sumariam argumentos expostos em: Persio Arida et al., "Crédito, juros e incerteza jurisdicional: conjeturas sobre o caso do Brasil", em Edmar Bacha, *Belíndia 2.0: fábulas e ensaios sobre o país dos contrastes* (Rio de Janeiro: Civilização Brasileira, 2012, pp. 213-249).

a intervenção do governo. Dessa forma, desenharam mecanismos de formação de capital sob o comando estatal, tanto em termos de mobilização da poupança doméstica quanto de financiamento do investimento fixo.

Tais políticas compreenderam: restrições à conversibilidade da moeda (presentes no País desde a "cláusula ouro", decretada pela ditadura Vargas em 1934); alongamento artificial da dívida pública através dos intermediários financeiros; poupança compulsória através de impostos sobre o emprego, que alimentam o INSS, a CEF e o BNDES; uso das empresas públicas como instrumentos de captação de poupança; e poupança forçada através da inflação (hoje substituída por "impostos sem renda", que incidem cumulativamente sobre as transações econômicas e financeiras).

Essas políticas resolveram temporariamente o problema da falta de crédito de longo prazo, mas resultaram na subordinação da eficiência microeconômica a considerações macroeconômicas e no aumento do poder da burocracia e dos ganhos de seus beneficiários no setor privado. Formaram parte do modelo nacional-desenvolvimentista e hoje subsistem nos esqueletos deixados por um tempo que passou.

O fortalecimento das relações contratuais objetiva, assim, suprimir a incerteza jurisdicional que restringe a aplicação da poupança em instrumentos locais de longo prazo. Essa poupança está hoje ou no exterior (o último Censo do Banco Central revelou existirem cerca de US$ 80 bilhões de brasileiros legalmente no exterior; se incluirmos quantias não declaradas, esse total deve ser duas vezes superior), ou em aplicações financeiras de curto prazo (retendo cerca de

R$ 800 bilhões de dívida pública, predominantemente na forma indireta de depósitos compulsórios, fundos, cadernetas de poupança ou CDBs). Muito pouco dessa riqueza financeira está hoje disponível para financiar dentro do País a formação de capital.

Como a incerteza jurisdicional é resultado da História, a restauração da confiança dos poupadores é um processo de longo prazo. A ampliação do comércio exterior e a integração com uma boa jurisdição externa, entretanto, muito ajudariam a melhorar a percepção sobre a qualidade da jurisdição local – conforme demonstra a experiência dos países que se juntaram à União Europeia, ou a do México, depois do Nafta.

Internamente, requer-se um programa amplo e preanunciado objetivando a melhoria da jurisdição, com passos bem definidos e critérios para se mover de uma fase para a seguinte. lsso permitiria: o desmonte progressivo da poupança compulsória; a pavimentação da estrada da conversibilidade pelo fortalecimento do marco prudencial e o acúmulo de reservas internacionais apropriadas; a limitação à exposição excessiva dos intermediários financeiros ao descasamento de prazos em suas carteiras, para restringir a ampliação artificial dos prazos da dívida pública permitidos por esses descasamentos que geram crises financeiras; e a redução dos impostos distorcedores, associada a controles dos gastos públicos.

Não basta formar capital; é preciso que ele seja aplicado produtivamente. Por isso o terceiro pilar de política de um novo modelo de crescimento econômico vigoroso é o combate à informalidade. Além de travar o crescimento do setor formal (por via da concorrência desleal que a sonegação fiscal lhe possibilita), o setor informal é incapaz de incorporar novas tecnologias, reduzindo, portanto, os ganhos de produtividade da economia como um todo. É pertinente, assim, a expressão de Pedro Bodin, apontando para a "favelização" da indústria brasileira – só subsistem ou os oligopólios com margens de lucro suficientes para pagar impostos ou as atividades informais. As pequenas e médias empresas ou abrem falência ou são engolidas.

A reforma tributária é o principal instrumento para o combate à informalidade. Corrigida pela renda *per capita*, a carga tributária no Brasil é hoje, possivelmente, a mais alta do mundo, pois, mesmo desconsiderando as diferenças de renda, já temos uma carga maior que a dos Estados Unidos ou a do Japão. Se isso não bastasse, a composição da carga tributária brasileira é extraordinariamente ruim. Países avançados tributam a renda ou o valor adicionado (ou o consumo em impostos monofásicos); o Brasil tributa, majoritariamente, a folha de salários, o faturamento ou as transações financeiras, haja ou não renda. O resultado, como não poderia deixar de ser, é uma das mais altas taxas de informalidade do planeta.

O combate à informalidade deve envolver, prioritariamente, a diminuição dos impostos distorcedores, ao lado de uma repressão eficaz à sonegação. De acordo com recente estudo da consultoria McKinsey, uma redução plausível de 20% na informalidade seria capaz de elevar a taxa anual de crescimento do PIB em 1,5 ponto percentual.

PARTE III

15 ANOS – APRENDIZADOS

O Real chega à adolescência já com certo distanciamento das dúvidas políticas ao redor da primeira década. Lula é reeleito em 2006, vencendo Geraldo Alckmin, então no PSDB, no segundo turno. Mas o Real é bem menos importante nessa disputa do que o mensalão.

As batalhas conceituais dos primeiros anos perdem relevância logo a seguir, com o desenrolar da crise de 2008 nos Estados Unidos, a mais grave desde a de 1929, e uma imensa sombra se projetando sobre o futuro do País e da economia global.

O presidente Lula surpreende duplamente: primeiro, ao tranquilizar o País com a célebre observação pela qual o tsunami internacional chegaria ao Brasil como "uma marolinha"; e, em seguida, ao propor ao presidente George Bush a transferência de tecnologia brasileira empregada no Programa de Estímulo à Reestruturação e ao Fortalecimento do Sistema Financeiro Nacional (Proer), tão criticado pelo PT, para tratar de crises bancárias.

A resposta inicial à crise é bem-sucedida e bem recebida. No fim de 2009, as reservas internacionais atingem US$ 238 bilhões, um ganho de US$ 185 bilhões relativamente ao nível de 2004, um investimento maior do que o conjunto das obras do Programa de Aceleração do Crescimento (PAC) no período.[31] O Brasil recebe o grau de investimento das três principais agências de classificação de risco soberano entre abril de 2008 e junho de 2009. O pesadelo da "vulnerabilidade externa" parece superado.

Esse sucesso, todavia, disparou uma reflexão talvez temerária sobre macroeconomia com impacto sobre as respostas nas políticas macro do País, eventualmente levando, mais adiante, à Nova Matriz. Aí, sim, o Real e seus pressupostos macroeconômicos pareciam enfrentar uma alternativa oferecida pelo petismo.

Como seria essa "variante petista", incorporando, afinal, as críticas feitas ao Real durante todos esses anos?

---

31. As reservas internacionais são os ativos no exterior de propriedade do Banco Central do Brasil ou do Tesouro Nacional. Para aumentar as reservas, o BCB ou o TN precisam comprar Dólares em mercado. Portanto, a acumulação de reservas é uma despesa do TN, ou do BCB, que compete com outras, como as do PAC.

2008 – 14 anos

CONFIANÇA E RESPEITO[32]
Pedro Malan

A dois extraordinários intelectuais do século XX foi perguntado que lição essencial de vida dariam aos jovens. A resposta de Norberto Bobbio: "Respeitar as ideias alheias, deter-se diante do segredo de cada consciência, compreender antes de discutir e discutir antes de condenar." A resposta de Raymond Aron foi mais sucinta, mas complementar e não menos relevante: "Respeitar os fatos, respeitar os outros, se dar ao respeito." Conheço bem uma senhora, prestes a completar seus 90 anos, que desde cedo procurou transmitir aos filhos valores semelhantes. Por que essas coisas do século passado me vêm à mente com frequência neste nosso Brasil de 2008?

Talvez porque não as considere coisas superadas, preocupações de intelectuais ou de velhas senhoras, nem tampouco ideais inalcançáveis na dura vida real. Talvez porque esteja preocupado com um grau que me parece um tanto excessivo de complacência, relativismo moral, ceticismo e cinismo sobre a vida pública e o mundo da política em geral.

---

32. Originalmente "Grau de confiança, grau de respeito", em *O Estado de S. Paulo*, 11 mai. 2008.

Talvez porque ache que há um relativo descompasso entre a evolução da economia ao longo dos últimos 15 anos e a evolução de nossos partidos políticos, aí incluído seu pensar sobre o País e seu futuro.

É verdade que estamos em maio de 2008 – e procurando olhar o caminho à frente e o muito que há por fazer. Mas permita-me o leitor uma breve volta ao passado, na linha do respeito aos fatos. Em maio de 1993, exatos 15 anos atrás, Fernando Henrique Cardoso assumiu o Ministério da Fazenda. Foi o quarto titular da pasta no governo Itamar Franco, antes que este completasse oito meses de seus 27 de mandato. Cardoso foi capaz de juntar em torno de si uma extraordinária equipe com nomes como Edmar Bacha, Persio Arida, André Lara Resende, Gustavo Franco, Francisco Pinto, Murilo Portugal, entre outros. Sem eles teria sido impossível derrotar a hiperinflação, que estava em cerca de 1.500% no acumulado de 12 meses até maio e cuja *média*, entre maio de 1988 e maio de 1993, tinha sido superior a 1.000% ao ano – recorde mundial no período (na verdade, o Brasil foi o recordista mundial em termos de inflação acumulada nos 30 anos de 1963 a 1993).

As linhas básicas do Plano Real foram explicitadas em longa Exposição de Motivos tornada pública no início de dezembro. A URV foi lançada formalmente através de medida provisória com data de 28 de fevereiro de 1994 e, após quatro longos meses de transição, converteu-se no Real, ao lhe ser conferida propriedade de meio de pagamento, em 1º de julho de 1994. Cardoso havia deixado o ministério no início de abril, por exigência legal, para disputar a Presidência.

Sua equipe foi inteiramente mantida por seu sucessor, Rubens Ricupero, que teve papel importante na pedagogia do Real entre abril e setembro de 1994. Seu sucessor por três meses e três semanas, Ciro Gomes apoiou totalmente o Real, àquela altura já um extraordinário sucesso de público.

Todos os envolvidos tínhamos presente que a agenda pós-derrota da hiperinflação se confundia com a agenda de desenvolvimento econômico e social do País. Um País que, livre da dependência e das ilusões da droga inflacionária, era agora obrigado a começar a encarar de nova forma seus enormes e inegáveis problemas. Mas o que importa é que não perdemos tempo falando sobre heranças malditas – estávamos olhando para a frente e reconhecendo que, apesar das dificuldades, algo de relevante havia sido feito. E que seria sobre aquela base de acertos (criação do Tesouro Nacional, fim da Conta Movimento, por exemplo) que deveríamos continuar construindo. Algo que este governo tem enorme dificuldade de fazer.

Pois bem. Hoje, meados de 2008, o que temos? Quatorze anos de inflação civilizada. Quinze anos do início do programa de privatização. Dezesseis anos de um salto qualitativo e quantitativo no processo de abertura da economia ao exterior. Quinze anos de efetiva autonomia operacional do Banco Central. Quinze anos desde a conclusão do processo definitivo de renegociação da dívida externa do setor público. Quinze anos de expressivos ingressos de investimento direto estrangeiro no Brasil (mais de US$ 220 bilhões no período), expressão de confiança no País e em seu futuro.

Dez anos já se passaram desde a resolução de problemas de liquidez e solvência no sistema bancário, privado e público.

Dez anos desde que o governo federal concluiu a renegociação da dívida de 25 estados e 180 municípios. Nove anos de bem-sucedida operação do regime de metas da inflação. Nove anos de regime de taxas de câmbio flutuante. Oito anos desde o início operacional dos programas de transferências diretas de renda para a população mais pobre, que não começaram com este governo. Oito anos exatos desde a aprovação pelo Congresso da crucial Lei de Responsabilidade Fiscal – tão combatida pela barulhenta oposição da época, hoje no poder.

É por tudo isso, e algo mais, que o Brasil é hoje mais respeitado internacionalmente. O que não era exatamente o caso 15, 20 anos atrás. É por tudo isso e algo mais que há mais confiança, interna e externa, no País. O que não era exatamente o caso 15, 20 anos atrás. Foi por tudo isso que o Brasil alcançou o grau de investimento na avaliação de uma agência de risco. É respeitar os outros – e os fatos – reconhecer que parte do governo Lula, por ter mudado, contribuiu para esse processo ao longo dos últimos cinco anos. É desrespeitar os outros – e os fatos – a tentativa de apropriação exclusiva, porque indébita, dos resultados desse processo. Mas não há espaço para complacências, grandes erros, tentações populistas, excessos corporativistas. Temos ainda um longo e árduo caminho à frente, o qual exigirá que alcancemos mais elevados graus de confiança e respeito no sentido que lhes emprestam Bobbio, Aron e a velha senhora mencionada no primeiro parágrafo.

2008 – 14 anos

A História e o "nunca antes"[33]
Pedro Malan

Um amigo bem-humorado comentou de passagem que o presidente Lula havia criticado fortemente todos os responsáveis pela política econômica "deste País" nos 20 anos que se lhe antecederam. Considerei o fato apenas mais uma das incontáveis manifestações do "nunca antes jamais na História", hoje definitivamente incorporado ao anedotário político do País. Nonada. Mas, aparentemente, o que era uma pessoal marca registrada, patenteada pelo presidente Lula, está assumindo – e não apenas nos palanques – foros de um discurso oficial de uso mais amplamente disseminado. E assumindo novas vertentes.

Por exemplo, a ministra-chefe da Casa Civil, a nova "capitã do time", em discurso proferido na bela cerimônia comemorativa dos 40 anos da revista *Veja*, dez dias atrás, insistiu no fato de que o futuro do Brasil já chegou – e que este futuro começou com o governo Lula. As expressões "só agora", "estamos começando" e "vamos começar" foram recorrentes – em um discurso de dez minutos de duração. É extre-

---

33. Originalmente "Novas vertentes do 'nunca antes'", em *O Estado de S. Paulo*, 14 set. 2008.

mamente desejável que discursos políticos estejam voltados para o futuro. Mas o fato é que a capacidade de avaliar – e de responder a – riscos, desafios, incertezas e oportunidades (que o futuro sempre encerra) depende, em boa medida, da qualidade de nosso entendimento sobre os processos através dos quais chegamos ao sempre fugidio momento presente. É nesse sentido que a História é, e sempre será, um infindável diálogo entre passado e futuro. Algo que a litania do "nunca antes" procura, consciente ou inconscientemente, considerar irrelevante ou relegar ao mais simples de seus significados.

A propósito, cabe mencionar a meritória iniciativa do governo de comemorar, nesta última semana, os 200 anos de existência do Ministério da Fazenda (1808-2008) com a realização de um evento em Brasília para o qual foram convidados todos os ex-ministros da pasta vivos. Não para um simples encontro social, mas para que cada um desse um depoimento franco sobre os principais desafios enfrentados nas respectivas gestões. Algo civilizado. Um reconhecimento de que houve um "antes": épocas em que o passado, hoje conhecido, ainda era um incerto futuro. Uma homenagem àqueles que aceitaram as responsabilidades do cargo, no qual procuraram servir ao País.

Pois bem, apenas no meio desta semana tive a oportunidade de ver a matéria intitulada "Lula chama antecessores na economia de criminosos". A matéria reproduz trechos do "discurso" presidencial proferido em Ipojuca, Pernambuco, para um público de metalúrgicos. Bem sei que, em palanques com audiências cativas, políticos tendem a se deixar levar por emoções, por arroubos retóricos e pelo calor da hora. Mas o presidente disse, textualmente, que um indivíduo preso porque cometeu um delito "é menos criminoso do que aqueles que foram responsáveis pela política econômica e pela política de desenvolvimento deste País nos últimos 20 anos".[34]

Essa é uma nova vertente do "nunca antes". Agora, não é apenas o passado em geral que se procura acusar. Agora, pessoas que têm nomes e biografias conhecidos são tachadas de criminosas com insensata ligeireza. Como dizem os cariocas, "menos, presidente, menos". Afinal, os "últimos 20 anos" incluem os governos de cinco ex-presidentes e daqueles que lhes serviram – e ao País – como "responsáveis pela execução da política econômica e da política de desenvolvimento". Se considerarmos todos os ex-ministros da Fazenda e do Planejamento (e presidentes do Banco Central), estaremos falando de várias dezenas de pessoas. Todos "criminosos", presidente? Tenho certeza de que nosso presidente, no fundo, não acha realmente isso e reconhece que a metáfora talvez tenha sido particularmente infeliz. Afinal, foi o mesmo presidente, em discurso feito em Massaranduba, Bahia, em março de 2006, que afirmou: "É possível fazer política de forma civilizada."

Eu realmente prefiro acreditar no Lula de Massaranduba e não no Lula de Ipojuca. Dúvidas excessivas sobre qual é o verdadeiro Lula, ou percepções de que a resposta é "ambos", poderiam levar alguns a endossar a observação de Ferreira Gullar: "Ele diz qualquer coisa a qualquer hora, depende

---

34. Ver *Folha de S.Paulo*, 6 set. 2008.

do público que o assiste e da conveniência do momento."
E chego aqui ao que efetivamente importa, no momento e nos próximos anos. Fica – e ficará – cada vez mais claro que o contexto internacional mudou desde fins de 2007 e que a economia mundial será menos favorável, mais turbulenta, mais volátil e, certamente, crescerá menos nos próximos dois anos devido à grave crise de confiança que ora assola o sistema financeiro e os mercados de crédito do mundo desenvolvido.

Não tenhamos dúvidas de que seremos afetados enquanto essa crise estiver seguindo seu curso, que não será de curta duração. Mas, como toda crise, será resolvida um dia – ainda que a um custo não trivial. E também, como toda crise, oferece oportunidades, não só a empresas, como a países que não se deixam levar por excessos de complacência e autoindulgência derivados de vários anos de desempenho favorável. Mais uma razão para um sereno olhar à frente. Se os ventos que sopram do exterior se tornam menos favoráveis, há que avançar mais – e não menos – na consolidação e ampliação de mudanças estruturais e de avanços institucionais e no compromisso firme com políticas macro e microeconômicas consistentes.

O Brasil está bem posicionado para aproveitar as oportunidades que crises como esta, e sua superação, sempre encerram. Um País que está com os olhos firmemente postos no futuro não perde tempo com discussões estéreis, falsos dilemas e insensatas condenações a esforços passados. Sem a ajuda dos quais seu sucesso atual e suas promissoras possibilidades futuras simplesmente não existiriam na configuração atual.

2009 — 15 anos

CRIAÇÃO DE RIQUEZA[35]

Gustavo H. B. Franco

Em Brasília, onde tudo começou, pode ser encontrada uma boa imagem do que se passou no Brasil nestes últimos 15 anos: o Sudoeste, um bairro novo, onde o metro quadrado em qualquer dos belos prédios ali construídos custa para cima de R$ 10 mil. Um amigo que foi morar ali em 1993, começando a vida, conta que a região, naquele tempo, era distante, deserta e barata de se morar, e que todos a conheciam como "Faroeste".

A valorização do Sudoeste está longe de ser uma história isolada; na verdade, há prédios espelhados por todo o País onde moravam cabras vadias. E em nenhum lugar esse enredo é mais impressionante do que no Centro de São Paulo, precisamente na Praça Antônio Prado, nº 48, endereço da Bovespa. Não se trata aí propriamente de valorização imobiliária: no segundo semestre de 1993, quando as expectativas sobre o final do governo Itamar Franco pareciam semelhantes às do fim do governo Sarney, quem quer que apresentasse um cheque de US$ 80 bilhões poderia ter comprado *todas* as empresas listadas naquele recinto, incluindo a Petrobras, a Telebras e todo o resto.

35. Inédito.

Esse mesmo cheque em julho de 2008 chegou a beirar o espantoso valor de US$ 1,7 trilhão, mas, provavelmente, ultrapassará o 1º de julho de 2009, 15º aniversário do Real, em torno de US$ 1,0 trilhão e com cerca de uma centena de empresas listadas no Novo Mercado. Como percentuais do PIB, as empresas de capital aberto no Brasil valiam o equivalente a uns 15% em 1993, algo como um PIB inteiro no pico de 2008, atingindo hoje um valor na faixa de dois terços do PIB, e subindo.

Esse monumental movimento de criação de riqueza não se explica pelo crescimento observado do PIB, que pouco mais que dobrou, medido em Dólares, de 1993 a 2007, passando de US$ 429 bilhões para US$ 1,3 trilhão. Na verdade, a criação de riqueza nesses 15 anos teve que ver com novas e melhores percepções sobre o crescimento *no futuro* – esta, talvez, a maior conquista do Real. Não há nada misterioso neste raciocínio: o valor de uma empresa, como o de um apartamento no Sudoeste, tem a ver com o fluxo futuro de rendimentos que produz trazido a valor presente – lucros ou aluguéis, o cálculo é o mesmo. A monumental valorização efetivamente observada se explica por expectativas melhores para os fluxos de rendimento e, principalmente, por uma taxa de desconto *menor* para se trazer os valores futuros para o presente. É como se o futuro ficasse mais próximo ou como se os termos de troca entre o presente e o futuro, ou o "preço do amanhã", para usar a expressão de Eduardo Giannetti, ficassem mais favoráveis.

Não há dúvida de que é essa reconquista do futuro que explica o fato de que nos 15 anos completos em 1º de julho de 2009, observando-se apenas a Bovespa, sem contar o Sudoeste e fenômenos similares em toda parte, o País fica mais rico uns US$ 700 bilhões, ou cerca de meio PIB.

Este, na verdade, é um efeito muito palpável da "estabilização", que se soma aos efeitos pelo lado dos fluxos, pertinentes à distribuição da renda. Todos aprenderam a conhecer o modo como a inflação funciona como "tributação", incidindo especialmente sobre o pobre. Em consequência, as lideranças políticas aprenderam, depois de muito relutar, que a "estabilização" é popular.

2009 — 15 anos

Sete batalhas[36]

Gustavo H. B. Franco

Com 15 anos de vida, o Real é o mais bem-comportado de todos os oito padrões monetários que tivemos desde 1942.[37] Mas não se pode perder de vista que o nosso histórico nesse assunto é nada menos que trágico: que outro País teve oito padrões monetários em 60 anos? É estonteante e humilhante lembrar a quantidade de zeros que cortamos ao longo dessas mudanças – exatos 18 zeros e uma divisão por 2.750 –, como quem troca fraldas repetidamente usadas.

Com isso, "a taxa de câmbio" entre um Real de nossos dias e o Cruzeiro de 1942 é dada por Cr$ 2.750.000.000.000.000,00 = R$ 1. Na ausência de cortes de zeros, os brasileiros estariam fazendo compras na padaria utilizando carrinhos de mão para carregar as cédulas necessárias para o pagamento, como se observou na Alemanha de 1923. Sem falar nos congelamentos, confiscos e maldades que acompanharam diversas dessas reformas monetárias.

A disciplina monetária, portanto, nada mais é que uma

---

36. Originalmente "Real, 15 anos em perspectiva", em *Valor Econômico* (Caderno EU & Fim de Semana), 3 jul. 2009.

37. Conforme observado na crônica "Números e cédulas", sobre os nove anos do Real, a partir da tabela "Padrões monetários brasileiros, 1942-2023", na p. 62.

adolescente a quem cabe, por certo, méritos de adulta, a julgar pelas crises que superou para chegar aos 15 anos assim viçosa e cheia de boas perspectivas para o futuro. Na verdade, ao revisitar a trajetória do Real com o auxílio dos números para o IPCA, como exibidos a seguir, no Gráfico 1 (na página 117), ganhamos um utilíssimo distanciamento dos eventos e das versões montadas no calor dos acontecimentos, além de uma métrica que o sistema de metas de inflação tornou bastante familiar. O leitor que hoje reflete sobre variações do IPCA na segunda casa decimal não poderá deixar de se surpreender com os números dos primeiros tempos.

O Gráfico 1 indica sete momentos importantes da política monetária, alguns mais decisivos que outros, porém, todos muito educativos. Sete batalhas cruciais para a moeda nacional nestes seus primeiros 15 anos de vida.

O extraordinário sucesso na primeira das batalhas dos quatro meses da URV pode ter trazido a impressão equivocada de que o Plano Real tinha acabado ali. Tínhamos reduzido a inflação de 43,1% *mensais* (em média, para o IPCA no primeiro semestre de 1994), ou 7.260% *anuais*, para um número bem menor em julho de 1994: 6,8% *mensais*, ou 121% *anuais*. Uma queda extraordinária, um processo encantador, cheio de excelentes desígnios, mas o ponto de chegada – 121% – era um número totalmente absurdo, sendo este o tamanho do desafio a ser enfrentado no início da segunda batalha, aquela na qual as autoridades teriam de combater com armamento convencional.

Essa segunda batalha durou quatro anos. Paralelamente ao combate à inflação, lutávamos em várias frentes: na área fiscal, nas dívidas com estados, nas privatizações, na abertura e na solução de uma crise bancária que ceifou cerca de 100 bancos dos 300 que existiam em 1993. Entre nós, da área econômica, quando se falava de "âncoras", repetíamos Vasco Moscoso de Aragão, personagem de Jorge Amado, capitão de longo curso que, ao aportar em porto desconhecido e ser perguntado sobre que âncoras lançar, dizia: "Todas!"

E mesmo com todas as âncoras e com muitos sabichões dizendo que era muito, tudo o que conseguimos nos primeiros 12 meses de vida da nova moeda foi uma inflação acumulada, medida pelo IPCA, de 33%, um número que soa tão impossível ao observador de hoje quanto os 121% iniciais. Tivemos perseverança e a inflação caiu abaixo de 20% em abril de 1996, 22º mês, e abaixo de 10% apenas em dezembro, 30º mês da nova moeda. No ano-calendário de 1997, o IPCA cresceu 5,2%, e em 1998 a inflação pelo IPCA foi a menor em nossa História: 1,7%.

Não creio que pudéssemos dizer que o Plano funcionara e que a desindexação realmente se entranhara antes de atingir esse nível, uma espécie de "zero técnico", uma inflação igual à dos Estados Unidos. Era a prova material e essencial de que podíamos ter uma inflação, e uma moeda, de primeiro mundo.

Duas crises internacionais sobrevieram a partir do fim de 1997, e uma terceira batalha teve de ser travada em torno da mudança do regime cambial. A desvalorização cambial oferecia um desafio aterrorizante, o risco de se colocar tudo a perder. Felizmente, todavia, o organismo estava preparado, surpreendentemente desintoxicado e, de novo, superando os piores prognósticos, vencemos. A vitória aí não foi propriamente reduzir a inflação, mas ter evitado que a inflação sequer atingisse 10% anuais. E, mais importante, conseguir assentar firmemente o chamado tripé: superávit primário, câmbio flutuante e metas de inflação.

Entretanto, o pior desafio ainda estava por vir, não por um choque externo, mas pela ascensão ao poder dos aguerridos adversários de todas as medidas pró-estabilidade tomadas nos dois governos anteriores. O adolescente precisava lidar com os próprios fantasmas e, em certo momento, não parecia capaz de superar o desafio. A batalha de número 4, no decorrer de 2002, foi perdida: o sistema de metas colapsou, a inflação pelo IPCA superou os 15% (e pelo IGPM superou 30%), enquanto o pânico nos mercados era tacitamente alimentado pelos pronunciamentos na área política.

A batalha de número 5 talvez tenha sido a mais fácil, pois a vitória teve a ver com o comando decidir que não ia tocar fogo no barco em que ia navegar. Ou com o adolescente revelar sinais de maturidade, como acabou mostrando. O bom senso prevaleceu, as ideias heterodoxas e seus patrocinadores foram exilados e a tríade foi restabelecida.

Em 2004, no décimo aniversário do Real, o grande enredo era a convergência: a moeda era agora, na prática, de toda a Nação, os riscos de "rupturas ideológicas" estavam afastados e o "grau de investimento" era questão de tempo. Do décimo ao 15º ano, felizmente, a integridade da estabilização não esteve mais sob ameaça, ao menos com riscos comparáveis aos que corremos no passado. Vivemos apenas a rotina do regime de metas, com seus ciclos de aperto e de relaxamento, que vêm funcionando a contento mesmo diante da crise internacional de 2008, que terminou sendo uma crise de consequências deflacionistas. Se há alguma explicação para os efeitos relativamente modestos da crise de 2008 sobre o Brasil, ela começa com o trabalho cumulativo e paciente desenvolvido por diversos governos e administradores ao longo dos últimos 15 anos.

Aos 15 anos de idade, portanto, nossa moeda vai bem, e o País observa suas possibilidades futuras com mais otimismo do que em qualquer outro momento em nossa História. É ótimo que o Real seja percebido, cada vez mais claramente, como uma obra coletiva: no critério de tempo de serviço, estritamente falando, os 15 anos se dividem em oito do PSDB, ½ para Itamar Franco e 6½ para Lula.

A rigor, a distribuição dos méritos não deveria ser bem essa, pois a genética pode ser mais relevante que o padrasto, ou não, pouco importa. O apreço pela coisa pública – e não há coisa mais pública que a moeda – começa com o desprendimento, ou com o sentimento de que ela não pertence a ninguém senão ao País.

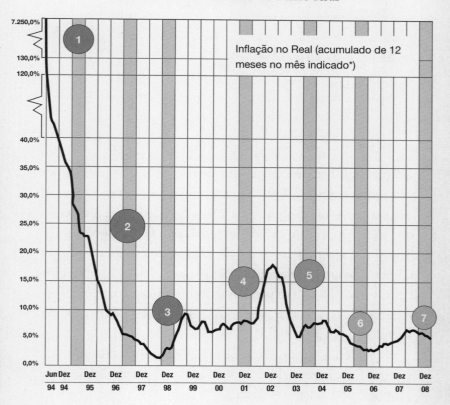

Gráfico 1. Sete batalhas do Plano Real

* Nos primeiros 11 meses (jul./1994 até jun./1995), o gráfico mostra a taxa de inflação anualizada correspondente à média mensal observada do período de jul./1994 ao mês indicado.

2009 – 15 anos

CRISE E OPORTUNIDADE[38]

Pedro Malan

Estaremos – no Brasil de 2009 e 2010 – vivendo as consequências do fim de um extraordinário ciclo de expansão da economia mundial. O mais longo, o mais intenso e o mais amplamente disseminado da História Moderna. Um ciclo que começou com os surpreendentes eventos políticos e econômicos do início dos anos 1990 e cujo auge teve lugar no quinquênio que se estende de meados de 2003 ao terceiro trimestre de 2007. Foi preciso mais de um ano para que fossem sepultadas de vez as expectativas de "descolamento" do mundo dos emergentes da crise dos desenvolvidos.

É evidente, desde setembro de 2008, que a crise que levou ao fim desse ciclo é a mais grave experimentada pela economia mundial nos últimos 70 anos. Uma crise que não será superada em apenas alguns poucos trimestres e cujas consequências nenhum País deixará de sofrer, embora de formas distintas. O Brasil não é e não será uma exceção. Mas o que importa agora é a nossa capacidade de avaliar e de responder de forma apropriada aos desafios, riscos e oportu-

---

38. Originalmente "Respostas à crise e o crescimento", em *O Estado de S. Paulo*, 11 jan. 2009.

nidades que a crise e sua superação sempre encerram. Para tal, ajudaria muito um maior grau de convergência sobre "aonde queremos chegar".

Começando pela área macroeconômica: o Brasil tem hoje dez anos de um regime cambial de taxas flutuantes, mais de nove anos e meio de um regime monetário de metas de inflação e quase nove anos de vigência da Lei de Responsabilidade Fiscal – tentativa de definir um regime fiscal responsável para o País. Adicionalmente, há mais de dez anos o Brasil criou as bases para um sistema financeiro sólido, fato hoje reconhecido internacionalmente.

A melhor resposta que podemos dar à crise consiste na reafirmação clara do compromisso de avançar na consolidação desses três regimes e em assegurar o funcionamento adequado do nosso sistema de intermediação financeira. Do ponto de vista operacional, os três regimes têm margem para flexibilidade e aperfeiçoamento. Há espaço para reduzir juros, mas o que importa é a consistência entre as políticas fiscal e monetária e a evolução do câmbio em 2009 e adiante.

É sabido que a estabilidade macroeconômica e a estabilidade financeira, fundamentais como possam ser, por si só não asseguram o crescimento sustentado a médio e longo prazos da atividade econômica, do investimento e do emprego, que é, com a melhoria continuada dos indicadores sociais, aonde queremos chegar.

A agenda de temas microeconômicos e institucionais assume importância crescente na caracterização tanto da rapidez e qualidade da resposta do governo quanto dos sinais para que as empresas brasileiras possam se posicionar, a fim de aproveitar oportunidades – as que existem e as que surgirão após a superação da crise.

A resposta apropriada do Brasil, com sentido de urgência no momento atual, deveria ser a de acelerar o passo do destravamento da agenda regulatória, concorrencial e de redução de incertezas jurídicas, estimulando o investimento privado, doméstico e internacional. Como escreveu o ilustre ex-ministro Delfim Netto no *Valor* desta semana: "A máxima prioridade do governo (...) é aumentar seus gastos de investimento, sacrificando o custeio. (...) esta é a hora de ampliar as concessões de estradas, de saneamento, de geração de energia, de portos etc." Difícil tarefa, como observou recentemente Jerson Kelman.

A preocupação com a redução dos efeitos da crise sobre a atividade econômica, sobre o emprego e sobre o investimento não deveria permitir que perdêssemos de vista (sem desconhecer avanços) o muitíssimo que resta por fazer na área social e de reformas.

A educação é o tema central. Aqui residiam, residem e residirão nossas grandes deficiências e nossos grandes desafios. É na qualidade dos *resultados* do processo educacional que reside, em última análise, a capacidade de um País adaptar-se continuamente às necessidades da competição internacional e de crescer de forma sustentada. Há muito ainda por fazer nessa área, que exige melhorias significativas em gestão e monitoramento, através de indicadores quantitativos, metas específicas e críveis a serem alcançadas mediante incentivos apropriados que estimulem o mérito e o efetivo desempenho. Em suma, uma difícil luta contra o forte corporativismo "isonomista" de boa parte do sistema.

A saúde sempre será fonte inesgotável de demandas sobre recursos públicos escassos. Com a superindexação dos recursos orçamentários ao PIB nominal, por preceito constitucional, o Brasil, comparativamente, não gasta pouco nessa área, mas essa é a sensação da população. O discurso e a prática aqui – aonde queremos chegar – deveria ser o da busca da eficiência, da qualidade do gasto, do combate sem tréguas ao desperdício, à fraude, à corrupção e à demagogia no trato do tema.

Sobre reformas, é sabido quão difícil é avançar em épocas que são simultaneamente de crise e pré-eleitorais. Seria um equívoco, contudo, relegar a um plano secundário o debate público voltado para aprofundar o entendimento objetivo – ainda muito deficiente entre nós – das razões pelas quais as reformas previdenciária, trabalhista e tributária terão que ser feitas, ainda que de forma gradualista. É verdade que quando convivem climas de palanque e situações de crise, com todo o potencial de respostas inadequadas que essa combinação propicia, evitar retrocessos é uma maneira – ainda que precária – de tentar avançar.

Mas isso é muito pouco para um País que deveria ter pressa em pelo menos indicar, do modo mais claro possível, o rumo do nosso "aonde queremos chegar" como País que tem confiança em seu futuro. O que significa confiança na própria capacidade de crescer com as três características de uma sociedade na qual valha a pena viver: liberdades individuais, justiça social e eficiência tanto no setor privado quanto, e principalmente agora na crise, no setor público, como gestor de recursos escassos em relação à voracidade das demandas com que se defronta.

2009 – 15 anos

Homens e anjos[39]

Pedro Malan

Apesar de aparências em contrário, há limites para o descolamento prolongado entre os mundos da economia e da política. Afinal, não são rios que correm em leitos distintos, mas braços de um mesmo rio que estão e estarão sempre se reencontrando em seus cursos. Também vimos que havia claros limites ao descolamento da crise financeira dos países desenvolvidos, tanto do setor real de suas economias quanto do mundo dos chamados emergentes.

O fato é que a economia é global, embora a política seja domesticamente decidida. E a qualidade e eficácia das respostas à crise depende, em boa medida, das interações entre a resiliência, a flexibilidade e a capacidade de adaptação de uma economia e a efetividade do funcionamento de suas infraestruturas político-institucionais. Quanto menor o grau de dissonância entre as duas, mais rápida pode ser a superação da crise em determinada economia – se, como parece, a situação global deixar de se deteriorar e começar a dar indícios de gradual melhora a partir de 2010.

---

39. Originalmente "Respostas à crise: economia e política", em *O Estado de S. Paulo*, 14 jun. 2009.

É verdade que estamos, há quase dois anos, em meio à pior crise global desde os anos 1930. Que nos atingiu pesado a partir do terceiro trimestre de 2008, como seria inevitável, apesar dos discursos oficiais. Mas não é menos verdade que estamos mais bem situados do que a maioria dos países em desenvolvimento, fora da Ásia, para responder a essa crise e superá-la. Por quê?

Porque temos 15 anos de inflação civilizada desde o lançamento do Plano Real; mais de 15 anos de um Banco Central com autonomia operacional; mais de 15 anos desde a renegociação da dívida externa do setor público; mais de 15 anos de início do processo de privatizações; mais de 15 anos de maior abertura da economia brasileira ao resto do mundo. Mais de 12 anos desde a resolução de problemas de liquidez e/ou insolvência em nosso sistema bancário; mais de 12 anos desde a reestruturação das dívidas de 25 estados e 180 municípios com o governo federal. Temos dez anos e meio de um regime de taxas de câmbio flutuante; dez anos de um regime de metas de inflação, mais de nove anos da Lei de Responsabilidade Fiscal; quase nove anos do início do processo de transferências diretas de renda para os mais pobres.

O governo atual soube – ainda que com enormes dificuldades de reconhecê-lo – preservar, ampliar e consolidar o legado que recebeu. Certamente ajudado, em muito, pelo auge do ciclo de expansão da economia mundial no quinquênio 2003-2007, que precedeu e foi uma das causas da crise global. É por tudo isso, e algo mais, que o Brasil é hoje visto como um País mais confiável e mais previsível por investidores nacionais e estrangeiros, o que definitivamente não era o caso 15, 20 anos atrás. É por tudo isso, e algo mais, que há hoje, entre nós – apesar de tudo –, um maior grau de confiança em nosso futuro.

O fato é que somos hoje uma economia de cerca de US$ 1,5 trilhão, onde o consumo das famílias representa cerca de US$ 1 trilhão (o que é um número relevante em qualquer lugar do mundo), muito embora o consumo do governo seja superior ao investimento total, público e privado, na economia, sendo o investimento federal com recursos orçamentários absolutamente irrisório – pouco mais de 1% do PIB.

Mas as estatísticas das contas públicas mostram que, apesar da *queda* de arrecadação devido à crise (em mais de 5% no primeiro quadrimestre de 2009 sobre igual período de 2008), as despesas totais do governo aumentaram cerca de 19% no período. Já as despesas com pessoal e encargos sociais aumentaram cerca de 24% na mesma base de comparação. Estes são aumentos permanentes, não reversíveis, portanto, não anticíclicos no sentido adequado da expressão, se respostas fossem a uma crise vista como temporária.

Leio na imprensa que o presidente Lula estará em Genebra, em breve, para conferência internacional na qual criticará a "ideologia do Estado Mínimo". Desconheço pessoas de expressão política, econômica ou intelectual que, entre nós, façam a defesa de tal fantasma. Mas a ideia serve à militância. Como serviu à insidiosa, leviana e reiterada campanha (*à la* Goebbels) sobre uma suposta intenção, atribuída ao "governo anterior", de privatizar a Petrobras e o Banco do Brasil. Ou de "acabar com o BNDES", como declarou de forma irresponsável e mentirosa um ex-ministro que serviu ao próprio governo anterior.

Amartya Sen, prêmio Nobel de Economia de 1998, em brilhante artigo recente sobre os 250 anos do primeiro grande livro de Adam Smith (1759), nota com propriedade que Smith, tido por muitos que nunca o leram, e jamais o lerão, como "o Pai-do-Conceito-do-Deus-Mercado-contra-o-Estado", tinha muito claro que a operação de uma economia de mercado *exige* o que chamou de instituições (do Estado). Além de valores, comportamentos e certo grau de confiança mútua, sem os quais é impossível a uma economia de mercado funcionar de forma adequada.

O presidente Lula tem demonstrado consciência desse fato fundamental, por exemplo, na recente declaração dada à agência de notícias Reuters horas antes da decisão do Copom sobre a redução de juros: "O BC não tem que ficar atendendo apelos eminentemente políticos (...), na hora em que o BC perder a credibilidade no mercado e ninguém acreditar mais nele será pior para o Brasil."

A questão fundamental foi bem expressa por um dos "pais fundadores" da democracia norte-americana, James Madison,[40] que, certamente, havia lido Smith: "Se os homens fossem anjos, nenhum governo seria necessário. Se os anjos fossem governar os homens, nem controles externos nem controles internos sobre o governo seriam necessários. Na construção de um governo a ser administrado por homens e exercido sobre homens, a grande dificuldade reside no seguinte: é preciso primeiro capacitar o governo a controlar os governados e, em seguida, obrigá-lo a controlar a si próprio." Dura tarefa!

---

40. *The Federalist*, nº 51, 1788.

PARTE IV

20 ANOS – A MAIORIDADE

Pouco antes dos 20 anos do Real, o País se viu sacudido, em 2013, por manifestações de rua de intensidade e escopo bem além de qualquer ocorrência anterior. O que poderia estar tão errado?

Certamente não era apenas o preço da passagem de ônibus em São Paulo, nem mesmo a inflação na capital paulistana, ou no País, em seu conjunto. Talvez o sobrepreço na construção dos estádios de futebol em preparação para a Copa do Mundo de 2014, a ser jogada no Brasil? Ou ainda o desconforto com as prioridades com o gasto público? Mas como temas tão abstratos poderiam incendiar as ruas? Claro que era legítimo exigir que o transporte público e os hospitais, assim como a inflação, fossem de "padrão Fifa". Mas teria sido, realmente, a Copa do Mundo o gatilho para todo aquele sobressalto?

Dilma Rousseff foi eleita presidente da República em 2010, assinalando a transição para o que se conhece como a Nova Matriz, um novo conjunto de políticas macro, finalmente definindo uma suposta alternativa ao conjunto praticado desde o início do Plano Real. Era um teste que se desenhava desde o décimo ano, mas que apenas naquele momento se apresentava de corpo inteiro, talvez em decorrência do sucesso na estratégia de enfrentamento da crise de 2008. Ou em decorrência do temperamento mais arrojado da presidente.

O teste foi um fracasso monumental. Jamais o País tinha tido duas quedas do PIB tão pronunciadas (3,55%, em 2015, e 3,28%, em 2016), e os que conceberam a Nova Matriz pareciam se esconder para se afastar de sua criação.

Não obstante o péssimo desempenho da economia, Dilma Rousseff foi reeleita em 2014, ano do 20º aniversário do Real, vencendo Aécio Neves, do PSDB, no segundo turno. Mas, em agosto de 2016, o processo de impedimento da presidente é concluído com a posse de Michel Temer na Presidência da República.

2012 – 18 anos

O REAL, MAIOR DE IDADE[41]
Pedro Malan

Há exatamente uma semana, o Real completou os primeiros 18 anos do que espero seja a longa vida de uma moeda que veio para ficar como um dos símbolos do avanço institucional do País. Os brasileiros que tinham 18 anos em 1994 e, portanto, todos os que estão hoje na faixa dos 36, 40 anos, provavelmente não têm qualquer lembrança pessoal significativa, isto é, vivida, da marcha da insensatez que foi a evolução do processo inflacionário no Brasil pré-Real.

Vale lembrar: no meio século que vai de meados dos anos 1940 a meados dos anos 1990, o Brasil só teve três anos de inflação anual inferior a 10% (nos anos 1940). Entre 1950 e 1980, a taxa média de inflação foi da ordem de 25%, 30% ao ano. Do início dos anos 1980 (quando chegou a 100%) até o Real, a taxa média anual foi superior a 600%, passando dos 1.000%, em 1989, e chegando a quase 2.500%, em 1993. Na literatura econômica há uma palavra para isso: hiperinflação.

Ainda era muito precária, à época, a percepção, que hoje felizmente existe, de que a inflação é um imposto. E o mais

---

41. Originalmente "A maioridade do Real e os próximos 18 anos", em *O Estado de S. Paulo*, 8 jul. 2012.

injusto de todos, porque incide principalmente sobre os mais pobres. Não por acaso os indicadores de concentração de renda e riqueza no Brasil, nas últimas décadas – sejam os índices de Gini, sejam as parcelas de renda apropriadas pelo 1% mais rico e pelos 20% mais pobres –, mostram que os piores anos de desigualdade na concentração de renda foram no fim dos anos 1980 e no início dos anos 1990.

O povo brasileiro entendeu, muito rapidamente, que o controle da inflação propiciado pelo Real era algo que redundava em seu benefício. E hoje a inflação baixa é vista como objetivo da sociedade e obrigação de qualquer governo minimamente responsável. Não é um fim em si mesmo, como sempre afirmamos, mas uma condição indispensável para que outros objetivos econômicos e sociais possam ser alcançados. Afinal, com inflação alta, crônica e crescente não há qualquer possibilidade de verdadeira inclusão social, tampouco de crescimento sustentado.

O que quero dizer com isso? Que a importância e o significado do Real, que ora atinge sua maioridade, transcende de muito a derrota da hiperinflação em 1994. E que a agenda do Brasil pós-hiperinflação se confundia com a própria agenda do desenvolvimento econômico e social do País, que pôde, sem a zoeira da inflação, começar a alargar seus horizontes e procurar tornar-se um País mais normal, mais previsível, mais confiável, mais competitivo. Um País talvez capaz de crescer de forma sustentada, com inflação sob controle, com maior justiça social, menos pobreza, com as finanças públicas em ordem, infraestrutura decente, melhor educação e maior eficiência nos setores público e privado.

Dezoito anos, como sabemos, é pouco para a magnitude dessa empreitada. Mas o Brasil não começou com o Real e já havia avançado muito em períodos anteriores, apesar de aparências em contrário. Agora, é preciso contemplar os próximos 18 anos. Afinal, 2030 está logo ali adiante, quando os que chegaram à maioridade com o Real – como meu filho mais moço – terão dobrado de idade.

Quem viver até lá acompanhará as tentativas do governo atual, e os labores dos governos que se lhe seguirão, de lidar com as urgências constantemente postas e repostas pelo sempre fugidio "momento presente" – que exigem respostas no curto prazo por parte dos responsáveis por políticas públicas. Respostas que serão tão mais adequadas quanto mais levem em conta objetivos de longo prazo: políticas de Estado e não apenas do governo de turno; para a próxima geração e não apenas para a próxima eleição.

Como procurou fazer o governo FHC nessa área de respostas a problemas que precisavam ser encarados de frente – e o foram. Exemplos: a resolução de problemas de liquidez e solvência no sistema bancário nacional, privado e público; a reestruturação das dívidas de estados e municípios então insolventes do ponto de vista fiscal e desde então sem problemas mais sérios nessa área; a Lei de Responsabilidade Fiscal de maio de 2000, marco de mudança histórica nas finanças públicas brasileiras; o reconhecimento de que as necessidades de investimentos do País (não do governo) superavam de muito a capacidade do setor público e de suas empresas, exigindo mudanças, inclusive constitucionais, que abrissem espaço ao investimento privado, doméstico e internacional.

É verdade que o ex-presidente Lula nunca reconheceu de público o quanto seu governo se beneficiou desses avanços. Pelo contrário, preferiu caracterizá-los como herança maldita, algo que não o engrandece. A presidente Dilma fez tal reconhecimento de público em seu relevante discurso de posse. Como antes haviam feito importantes ministros de Lula, caso de Antonio Palocci e Paulo Bernardo.

A propósito, é importante reconhecer que o governo Dilma, à diferença de seu antecessor, que nem sequer tentou (ou porque não quis, ou porque não pôde, ou talvez porque o extraordinário vento a favor que pegou da economia mundial lhe permitiu evitar incorrer em custos políticos domésticos), está procurando enfrentar certas "urgências do gradualismo" para as quais deveria ter apoio de quem pensa no longo prazo, como a mudança do insustentável regime de Previdência do setor público e as "inexoráveis" concessões ao setor privado em áreas de infraestrutura. Para não falar nas necessárias resistências do Executivo às insaciáveis demandas de sua vastíssima "base de apoio" por contínua expansão dos gastos públicos no curto, no médio e no longo prazos. Debates desse tipo são fundamentais quando se olha à frente.

2013 — 19 anos

O Real foi para as ruas...[42]

Gustavo H. B. Franco

O Real se tornou a moeda nacional há 19 anos, quando a inflação beirava 50% mensais, mas não havia ninguém nas ruas. Durante os 15 anos anteriores, quando a inflação acumulou 20.759.903.275.651% (20 trilhões e troco), o brasileiro produziu grandes manifestações em raras ocasiões: para pedir eleições diretas e, depois, para derrubar o primeiro presidente que elegeu a seguir nesse formato. A hiperinflação, a maior desgraça econômica que o País já viveu (exceto pela escravidão), não chegou a produzir mais que episódios isolados. Seu efeito mais marcante e paradoxal foi o torpor.

Como foi possível que uma monstruosidade econômica dessa grandeza não pusesse o País submerso em protestos e passeatas?

Talvez nunca seja possível responder com precisão. A hiperinflação foi um fenômeno gigantesco e incompreensível, inclusive porque *faltava clareza quanto ao autor*. Não havia uma causa, pois se dizia que a inflação de hoje era a de ontem,

---

42. Originalmente em *O Estado de S. Paulo*, 30 jun. 2013, e também como "Outro gigante acordou", em Maria Borba, Natasha Felizi e João Paulo Reys (orgs.), *Brasil em movimento* (Rio de Janeiro: Rocco, 2014, pp. 249-254).

ou seja, de "natureza inercial", e não tínhamos responsável. Contra quem protestar?

Na verdade, *a própria inflação era o protesto*, pois a experiência de quem viveu aqueles dias sombrios era sempre a do *repasse*, ou de "correr atrás" para recuperar o poder de compra que se derretia. O custo de vida se elevava 1% ou 2% ao dia e era preciso passar adiante os aumentos, pois era um tsunami, uma reação em cadeia, um conflito distributivo que nos impunha um comportamento nefasto: buscava-se "correr à frente" do processo e, assim, nos tornávamos *cúmplices* do vício, ainda que em legítima defesa.

Conforme observou Elias Canetti numa passagem famosa, a hiperinflação pode ser tomada como "um sabá de desvalorização no qual homens e unidade monetária confundem-se da maneira mais estranha. Um representa o outro; o homem sente-se tão mal quanto o dinheiro, que segue cada vez pior; juntos, todos se encontram à mercê desse dinheiro ruim e, *juntos*, sentem-se igualmente desprovidos de valor".[43] Nada a estranhar, portanto, no torpor e na degradação de valores, entendida de forma mais ampla, que é própria das grandes inflações, cujas sequelas nos acompanhariam ainda por muitos anos.

A hiperinflação pode ser vista como um fenômeno depressivo, um exercício cotidiano semelhante ao de queimar a própria bandeira, uma destruição de valores, o suicídio de um símbolo nacional, uma ferida ética. O sentimento de

---

43. Elias Canetti, *Massa e poder* (São Paulo: Companhia das Letras, p. 185), destaque no original.

culpa talvez explique, em parte ao menos, o desinteresse na busca de responsáveis. A vilania jamais era associada aos líderes políticos que ordenaram a gastança, as pirâmides e os estádios, as transposições, as emendas orçamentárias e a generosidade nos bancos oficiais. Nenhum desses farsantes jamais defendeu a inflação diretamente: apenas atacavam quem queria combater a inflação a sério, os miseráveis neoliberais ortodoxos a serviço do FMI e da globalização.

A imprensa jamais conseguiu produzir um rosto, um vilão, quando muito um ministro que naufragou com um Plano de estabilização, e o Ministério Público nunca conseguiu processar ninguém por produzir inflação. Nenhuma CPI funcionou com esses termos de referência. Foi o crime perfeito.

Pois agora, passados 19 anos, em vez de festejar a monotonia da estabilidade, a ocasião serve para o registro de que muitos desses personagens estão de volta. Parece novamente recomposta a mesma coalizão inflacionária da "Nova República", movida pelo "tudo pelo social", ou pela falsa promessa de inclusão social, ou de conquistas, *a qualquer custo*, e também por projetos megalomaníacos e pela descrença em limites fiscais, tudo isso resultando em um "hiperinflacionamento de desejos" no Orçamento ou nos bancos oficiais, bem além das possibilidades dadas pela disposição da sociedade em pagar impostos.

Essa é a matriz da hiperinflação, cujo desenrolar invariavelmente compreende a descoberta da capacidade de administrar "politicamente" a realização de desejos incorporando seletivamente grupos beneficiados na coalizão governista numa espécie de clientelismo de massa. Em seguida, para que o processo ganhe escala, é preciso capturar o Banco Central, a fim de adquirir o controle sobre o crédito e sobre a fabricação de papel pintado, mágica que pode ser compartilhada com os estados, cada qual com o seu banco emissor e sem limites quanto à capacidade de se endividar.

Agora, todavia, esses canais monetários e creditícios estão bloqueados, embora com alguns vazamentos. A inconsistência entre o inflacionismo da política fiscal e as barreiras institucionais à inflação – notadamente na forma de metas de inflação e de impedimentos ao endividamento dos estados (Lei de Responsabilidade Fiscal e outros acordos de reestruturação de dívidas) – nunca foi tão aguda, parecendo configurar um quadro de inflação reprimida. O sistema político se vê pressionado a fazer escolhas, as tensões vão se multiplicando, e também o intervencionismo, pois o Estado tenciona ser maior que a sociedade.

Diante dessas limitações, o governo precisa *racionar a realização dos desejos que inflou* e, para tanto, parece ter criado uma espécie de feira de favorecimentos e seletividades, fiscais e regulatórias, guiadas por idiossincrasias, amizades, preferências e clientelismo. A Casa prevalece sobre a Rua, como diria Roberto DaMatta, não há impessoalidade nos atos da administração, tudo tem o seu destinatário – aos amigos tudo; aos outros, a horizontalidade do mercado e a hostilidade dos reguladores. Instala-se o primado da malandragem, o investimento em *lobby* toma o lugar daqueles que se destinam à produção e à competitividade, o País do futebol se torna propriedade dos cartolas e a Rua se levanta.

Soa familiar? Não é parecido com as reclamações ouvidas nas ruas?

É surpreendente e alvissareiro que a sociedade exiba uma capacidade antes inexistente de perceber a vilania dos velhos mecanismos de socialização dos custos de estádios de futebol ou do apoio aos "campeões nacionais". A imprensa não tem dificuldade em identificar os enredos e beneficiários, bem como as fórmulas de ocultação e os truques contábeis e as manipulações. A irritação se torna cotidiana e crescente. *Ninguém quer pagar as contas que não lhe pertencem, as escolhas do governo são equivocadas e provocam indignação: se há dinheiro para o Itaquerão e para o trem-bala, como as escolas, os hospitais e os ônibus podem ser tão ruins?*

O "sistema político" tem muitos defeitos, mas o problema aqui está relacionado com a liderança, e há uma eleição logo à frente. No mundo plano da globalização e das redes sociais seria normal que a aversão a esse pseudocapitalismo de quadrilhas trouxesse para o centro da política o desejo de horizontalidade, transparência, responsabilidade fiscal, probidade, meritocracia e impessoalidade nas regras do jogo econômico. Era disso que se tratava o Plano Real, sobretudo no seu capítulo sobre reformas. Mas o que estamos vendo nos últimos anos é muito diferente. É compreensível a irritação dessa maioria silenciosa com a epidemia de "seletividade", privilégio e compadrio, que se sabe serem o berço da corrupção. Surpreendentes mesmo não são o protesto e seus temas, mas o *timing* e a faísca que os determinaram.

2013 – 19 anos

O REAL, A RUA E O GOVERNO[44]
Edmar Bacha

O Real completa 19 anos em meio a enormes manifestações populares nas ruas brasileiras. O estopim para os protestos foram os reajustes em junho dos preços das passagens dos ônibus no Rio e em São Paulo, normalmente feitos em janeiro ou fevereiro. O objetivo do governo federal com o adiamento dos reajustes foi tentar impedir que a alta dos preços superasse, no início do ano, o teto de 6,5% da meta de inflação. Apesar de ter vindo acompanhado de controles do governo sobre os preços da energia e da gasolina, de nada valeu o adiamento, pois o teto da meta de inflação estourou de qualquer jeito em março.

Durante a preparação do Plano Real, há 19 anos, eram intensas as pressões sobre o ministro da Fazenda e sua equipe para congelar os preços quando da introdução da nova moeda. A equipe econômica resistiu com sucesso a essas pressões arguindo com o fracasso do Plano Cruzado, que foi baseado no congelamento de preços e salários. O Real pôde então ser criado como uma moeda na qual os preços refletiam livremente seus custos e não a vontade dos governantes de mantê-los artificialmente baixos.

---

44. Originalmente em *O Globo*, 29 jun. 2013.

O atual governo parece haver esquecido essa lição, ao tentar inutilmente reprimir a inflação com controles de preços e desonerações fiscais. O ministro da Fazenda inventou uma tal de "Nova Matriz Macroeconômica" que, supostamente, permitiria fazer a quadratura do círculo, evitando que os preços subissem, apesar da expansão descontrolada do crédito e dos gastos do governo. A presidente da República, por sua vez, somente permitiu que o Banco Central aumentasse tardiamente os juros quando as pesquisas de opinião pública mostraram sua popularidade em rápido declínio por causa da inflação alta, colocando em risco sua reeleição.

A repressão pelo governo dos preços administrados vem minando a saúde financeira da Petrobras, da Eletrobras e das demais concessionárias de serviços públicos. Apesar disso, o povo nas ruas pede "passe livre", e isso não somente para os transportes públicos. Por enquanto, a resposta dos governos foi cancelar os reajustes dos preços dos ônibus e metrôs. Mas, de sua tribuna na presidência do Senado, Renan Calheiros apresenta um projeto de lei para dar, Brasil afora, passe livre nos ônibus para os estudantes. A demagogia ameaça correr solta em Brasília.

Sempre antenados, os investidores tratam de se livrar das ações das concessionárias de serviços públicos, ao antecipar que doravante será difícil manter os reajustes de preços programados. Nesse ambiente conturbado, cabe perguntar o que acontecerá com os leilões de concessão de rodovias, ferrovias, portos e aeroportos programados para o fim do ano. Será que grupos empresariais sérios se candidatarão a adquirir concessões que já vêm com o rótulo da "modicidade tarifária", quando a demanda das ruas é por tarifas menores do que as atuais?

Esse encolhimento dos investidores ajuda o Dólar a disparar e se agrega à alta dos juros, para piorar as perspectivas da economia. A consequência provável é que os pibinhos que se vêm manifestando desde 2011 continuarão a mostrar sua cara feia neste e no próximo ano. Não é só a cara, o nome também é feio: trata-se da estagflação, uma combinação de estagnação com inflação.

O governo colhe os frutos de se ter comportado como o proverbial aprendiz de feiticeiro. Brincou com a inflação, que tanto custou ser contida há 19 anos, ao promover uma expansão descontrolada do crédito dos bancos públicos e dos gastos governamentais, ao postergar os reajustes dos preços controlados e ao não deixar o Banco Central atuar a tempo para conter a alta dos preços. Agora terá de lidar não só com as novas demandas populares, mas também com a estagflação que ronda a economia do País.

Resta-nos torcer para que o despertar do Brasil que se manifesta nas ruas de todo o País produza tempos melhores para todos nós.

2014 — 20 anos

DE ONDE VIEMOS, PARA ONDE IR[45]

Pedro Malan

Passados 20 anos, deitou raízes entre nós a percepção de que é obrigação de *qualquer* governo preservar a estabilidade do poder de compra da moeda do País. E vale lembrar, mais uma vez, que para os envolvidos com o Real e sua consolidação o controle da inflação nunca foi um objetivo único, um fim em si mesmo, uma estação a que se chegasse e pronto.

Para nós, a agenda brasileira pós-1994 seria a própria agenda do desenvolvimento econômico e social do País. O que o Real fez foi permitir que o Brasil, antes drogado pela inflação desmedida, pudesse descortinar de forma menos obscura a natureza e a dimensão dos outros (inúmeros) desafios por enfrentar. Procurando tornar-se um País capaz de crescer de forma sustentável, com inflação sob controle, mais justiça social, finanças públicas em ordem e maior eficiência nos setores público e privado.

Como sabemos, 20 anos é pouco para a magnitude dessa empreitada. Sabemos também que a capacidade que têm governos (e sociedades) de identificar desafios, riscos e

---

45. Originalmente "Vinte anos do Real: significado e futuro", em *O Estado de S. Paulo*, 9 mar. 2014.

oportunidades depende da qualidade do seu entendimento sobre seu passado. É difícil que alguém saiba para onde vai (ou pode ir, ou gostaria de ir) se não sabe de onde veio, como veio e como se encontra agora.

E o que temos agora? Temos hoje cerca de 20 anos de inflação relativamente civilizada desde o lançamento do Real. Não é coisa pouca para um País que foi recordista mundial de inflação acumulada nos 30 anos do início dos anos 1960 ao início da década de 1990. Temos hoje mais de 20 anos desde que restabelecemos o nosso relacionamento com a comunidade financeira internacional, renegociando nossa dívida externa pública com credores privados e oficiais.

Temos hoje mais de 20 anos desde que demos um salto qualitativo e quantitativo no processo de abertura de nossa economia ao comércio internacional. Temos hoje bem mais de 20 anos desde que iniciamos o processo de privatização/concessão no Brasil, infelizmente interrompido durante longo tempo e só recentemente retomado. Temos mais de 20 anos de autonomia operacional do Banco Central na condução da política monetária – e existe hoje uma percepção mais ampla de quão fundamental para o País é preservar a credibilidade da instituição.

Passaram-se 17 anos desde que resolvemos problemas de liquidez e de solvência bancária, tanto no setor público quanto no setor privado – e desde então nunca mais tivemos problemas sérios em grandes bancos. Temos mais 15 anos, completados em janeiro de 2014, de um regime de taxa de câmbio flutuante. Teremos, em junho agora, 15 anos de regime monetário de metas de inflação. Temos quase 14 anos desde que, em maio de 2000, foi aprovada a crucial Lei de Responsabilidade Fiscal.

Temos 13 anos decorridos desde o início dos processos de transferência direta de renda para as populações mais pobres do País, através dos vários programas criados a partir de 2001 – consolidados e ampliados por Lula a partir de outubro de 2003. Como é sabido, qualquer governo em qualquer parte do mundo constrói, sim, sobre avanços alcançados pelo País na vigência de administrações anteriores. O Brasil não é exceção a essa regra. Olhando os últimos 20 anos, há elementos de continuidade e de mudança, assim como há acertos e erros em todos os governos.

Mirando à frente, deveria ser possível, com um mínimo de boa-fé, honestidade intelectual e de recusa ao uso de rotulagens vazias, buscar construir as convergências possíveis (ou clarificar diferenças de forma honesta) pensando na próxima geração. A seguir, apenas dois exemplos de questões sobre as quais um debate sério me parece inadiável para um País que pretende, e pode, mostrar que é capaz de escapar da chamada "armadilha da renda média", que aqui ainda é cerca de um quarto da renda média atual dos principais países desenvolvidos.

O Brasil tem hoje a quarta maior população urbana do mundo. E esta aumentou em mais de 150 milhões de pessoas nos últimos 60 anos. Nossas carências sociais e de infraestrutura urbana são enormes e se expressam sob a forma de demandas por mais e melhor saúde, educação, emprego e renda e por mais e melhor infraestrutura de transporte, energia e saneamento. Que são tidas, todas, como altamente "intensivas em Estado". Que, para tal, precisaria tributar, se endividar e gastar ou transferir os recursos assim obtidos – sempre escassos em relação às demandas e expectativas. Nosso futuro depende de mais clareza nessa discussão – e sobre prioridades no uso de recursos escassos. Há prioridades que estimulam maior crescimento, outras que o inibem. A questão não é sobre a necessidade de Estado, mas sobre a forma como governos específicos atuam.

O outro desafio vem da extraordinária velocidade de transcrição demográfica no Brasil. A população brasileira, que crescia a 3,1% ao ano na década de 1950 e a 2,4% no início dos anos 1980, está crescendo a 0,7% ao ano nesta década. Na qual a faixa etária até 29 anos está diminuindo. A faixa até 39 anos diminuirá na próxima década, quando a população estará crescendo a 0,44% ao ano. Como escreveu Fabio Giambiagi, este é "um desafio cujas dimensões ainda não foram percebidas pela opinião pública – e o que é mais grave, nem pelo governo".

Os efeitos dessa transição já se fazem sentir hoje na oferta de mão de obra e na população ocupada. A partir de agora, o crescimento da população ativa "garante" pouco mais que um ponto percentual de crescimento do PIB. Como mostram vários estudos, crescer muito além disso (1,2% a 1,4%) só com aumentos de produtividade. Que dependem de acumulação de capital físico e humano por trabalhador, de inovações técnicas e de mudanças nas áreas previdenciária, trabalhista e tributária.

Agenda para os próximos 20 anos. Com o Real.

2014 — 20 anos

A SOMBRA DA NOVA MATRIZ[46]

Gustavo H. B. Franco

De todos os 20 aniversários da nossa moeda, este é o mais cercado de dúvidas sobre a coisa conquistada.

Que pode haver de pior, nesta data, que a ansiedade sobre o retorno da criatura que se considerava extinta?

A lição parece tão simples quanto aterradora: a volta aos velhos hábitos é tristemente fácil, pois não há cura para o vício, apenas abstinência. Um pouco de inflação é como um pouco de vandalismo, de bagunça ou de gravidez.

A passagem do tempo parece facilitar uma oscilação entre a consciência do problema e a perda de memória, ou, pior, o estado de negação. Vinte anos depois, a memória do flagelo parece cada vez mais embaçada. Muitos se empenham em lembrar que foi uma tragédia, mas apenas os que estão próximos dos 40 anos tiveram a chance de testemunhar, já maiores de idade, a criatura caminhar sobre território brasileiro. Muitos não acreditam no que se passou, ou enxergam aí uma "narrativa neoliberal", e mesmo entre os crédulos há diversos que evitam o termo "hiperinflação" por vergonha ou pudor. Preferem esquecer. Ou dizem que não

---

46. Originalmente "Vinte anos do Plano Real", em *O Estado de S. Paulo*, 22 fev. 2014.

foi isso tudo, que não chegamos a estar onde esteve a Alemanha, que esse registro denigre o País e que não há valor pedagógico em cultivá-lo.

Para muitos, portanto, por motivos variados, inocentes ou não, é como se não tivesse acontecido.

Pois bem, para que não fique a dúvida sobre o fato, vamos aos números: a inflação acumulada em 12 meses até junho de 1994, medida pelo IPCA, atingiu 6.433%. Em junho de 1994, a inflação foi de 50% no mês, o que equivale a 12.875% anuais, ou cerca de 2% por dia útil. A meta de inflação para 2014 seria a inflação de um simples fim de semana naqueles tempos loucos. Um feriadão já seria suficiente para estourar a meta.

A criatura desapareceu em julho de 1994, mas nos primeiros 12 meses de vida da nova moeda a inflação acumulou 33%. A batalha inicial, marcada pela URV em fevereiro-julho de 1994, foi um extraordinário episódio de guerra tecnológica que resolveu um bom pedaço do problema, mas não tudo. E, daí em diante, a estabilização foi resolvida pela infantaria e com o armamento convencional. Só em 1997 a inflação caiu abaixo de 5% no acumulado de 12 meses, e em 1998 chegamos a 1,6% para o ano inteiro, nossa melhor marca.

Foi absolutamente essencial chegar ao zero, ou a uma inflação igual à dos Estados Unidos, para desintoxicar o organismo por inteiro. Assim o País elevou consideravelmente a sua resistência aos choques que se seguiram. A vida se assentou, especialmente depois dos sacolejos de 1999, 2002 e 2004, que abriram várias tumbas e expuseram diversos esqueletos que, afinal, não saíram andando e devorando as pessoas como alguns temiam. Não sei se é possível dizer o mesmo de 2008, quando a explosão nuclear em Wall Street fez aparecer ideias radioativas como as "políticas anticíclicas", a "contabilidade criativa" e a "Nova Matriz Macroeconômica".

Enquanto isso, na Argentina e na Venezuela, duas inquietantes experiências tinham lugar. Dois organismos viciados eram novamente expostos a variados tipos de droga, não apenas a derivações do desequilíbrio fiscal, mas também a alucinações ideológicas de amplitude imensa e perigosa. Em ambos os casos, algo estranho ocorre em algum momento entre 10% e 20% de inflação anual, talvez a aceleração da periodicidade de reajustes, ou uma redolarização pelo câmbio negro, difícil dizer. Parece bem claro, todavia, que há um limiar a partir do qual a inflação entra num terreno escorregadio e caminha para a explosão.

Nos dois casos entraram em cena não apenas controles de preços, como também algumas novidades: falseamento das coletas, manipulação dos cálculos e constrangimentos diretos a supermercados e produtores. Foi preciso travar os mercados para que não expressassem as verdades da economia, tal como se fez com os veículos de comunicação. Mercados e jornais são mecanismos de disseminação de informação essenciais para a alocação de recursos e para decisões econômicas e políticas. Ao atacar os mercados, a escassez se dissemina, bem como os esquemas espúrios e o colapso da produção e da produtividade. Os índices de inflação mostram algo como 40% anuais, em coletas parciais e enviesadas, na plena vigência de congelamentos de preços, números que não refletem a vasta desorganização econômica reinante.

São exemplos horríveis, nada a ver com o Brasil, e alarmantes pela proximidade não apenas geográfica, mas também conceitual: estamos rodando a 6,5% anuais e com a inflação de serviços em 10% e preços públicos comprimidos. Não estamos muito longe do limiar, e pior: as políticas macroeconômicas continuam teimosamente heterodoxas e com alguns episódios isolados e preocupantes de hostilidade ao setor privado.

Há desconforto com a falta de convicção da administração Dilma Rousseff sobre quatro temas básicos: responsabilidade fiscal, moeda sadia, cidadania global e economia de mercado, quatro pilares essenciais da reconstrução monetária iniciada em 1994. Os primeiros três itens são os componentes do famoso "tripé", apenas vistos de forma mais ampla. E o quarto, a crença na economia de mercado – o vértice associado a políticas regulatórias, ambiente de negócios, reformas e infraestrutura –, é algo que se tomava por dado em outros tempos. Havia uma harmonia de pensamento entre governo e setor privado sobre a quem cabe o protagonismo no processo de crescimento, que se viu rompido pelo crescimento da presença direta e indireta do Estado na economia.

O 20º aniversário do Real, como observado de início, está marcado pelo signo da dúvida: estaria o governo engajado em uma tentativa heroica de demonstrar a falência dos paradigmas ortodoxos de política macroeconômica, do Consenso de Washington e da teoria econômica neoliberal, ou vamos assistir, em 2015, a um retorno ao bom senso em matéria de macroeconomia?

2014 — 20 anos

Espaço de manobra[47]
Pedro Malan

Em junho próximo, o governo Dilma deve definir a meta de inflação para 2016. O mais provável é que, sem muito alarde, seja reafirmada a meta em vigor há anos, ou seja, 4,5%, mais ou menos dois pontos percentuais. O momento não sugere mudança, já que, em reiteradas declarações, nossa presidente e seu ministro da Fazenda insistem em que a inflação está "há dez anos" *dentro da meta*. Dado que a inflação média anual nos quatro anos do governo Dilma deverá ficar em cerca de 6% ou pouco mais, a expressão "dentro da meta" passou a significar "abaixo do teto da meta", que é 6,5%.

Alguém poderia perguntar: e qual é o problema disso, se a meta está sendo cumprida? Deixando claro que não há qualquer desastre à vista nessa área, o fato é que há problemas, sim. E o que é grave: o espaço para manobra, e para erro, é cada vez mais reduzido.

Na verdade, a inflação só está "dentro da meta/abaixo de seu teto" porque, preocupado com determinados itens de peso no cálculo do índice oficial de preços ao consumidor, o

---

47. Originalmente "Reduzido espaço de manobra", em *O Estado de S. Paulo*, 13 abr. 2014.

governo recorreu ao controle direto ou indireto de preços administrados, que cresceram apenas no insustentável nível de 1,5% em 2013, enquanto os preços livres aumentaram 7,3% e os serviços, mais de 8%.

Com efeito, estimativas hoje disponíveis mostram que acumulamos uma "inflação reprimida" da ordem de 1,5 ponto percentual no IPCA. Em outras palavras, na ausência dos vários controles sobre preços administrados direta ou indiretamente pelo governo, a inflação brasileira estaria hoje certamente acima de 7%. Não há, portanto, espaço para o discurso do "estamos dentro da meta/abaixo do teto". Na realidade, não estamos.

Certamente teremos de voltar a uma inflação "dentro da meta" em 2015 e reduzi-la ainda mais em 2016 para que o discurso de que o objetivo é convergir ao longo do tempo para perto do centro da meta (4,5%) possa ter um mínimo de credibilidade. Uma estratégia de convergência que hoje, definitivamente, não depende apenas do Banco Central – o qual, justiça lhe seja feita, não embarcou no discurso do "abaixo de 6,5%" como a definição aceitável do "cumprir a meta".

O fato é que as expectativas quanto ao curso futuro da inflação estão, há alguns anos, desancoradas dos 4,5% do centro da meta. Supondo que esta não seja alterada agora em junho, e levando em conta que a inflação efetiva (isto é, não represada pelos controles de preços que não se sustentam no tempo) hoje está bem acima do teto da meta, seria preciso reduzir essa inflação efetiva atual em pelo menos dois pontos percentuais.

E isso pode demandar de dois a três anos a partir de agora. A não ser que alguém espere que o Banco Central possa elevar as taxas de juros para o *whatever it takes* (o nível que for necessário), ou que o Real valorize e se mantenha como tal por tempo relevante, ou que uma baixíssima taxa de crescimento force a queda da inflação por falta de demanda.

Pelo menos pelos próximos seis ou nove meses o espaço de manobra para qualquer ação efetiva é extremamente reduzido – como o é ainda mais o espaço para novos erros. Situações difíceis não implicam inexistência de opções. Mas estas podem exigir, para a recuperação da confiança abalada, que o horizonte de tempo da política macroeconômica relevante *não seja* apenas o ano-calendário em curso, tampouco os próximos 12 meses, mas um período mais longo, à frente.

Refiro-me ao nosso verdadeiro calcanhar de aquiles, nossa situação fiscal, que está a exigir uma sinalização: algo que seja factível, crível e defendido com convicção ainda neste ano de 2014. Falo do anúncio de uma decisão de começar a elaborar desde agora um programa fiscal para o triênio 2015-2017.

Estou convencido de que isso seria de interesse do País e de que poderia ser de interesse da própria presidente Dilma, bem como dos outros principais candidatos ao cargo nas eleições de outubro. Afinal, estamos tratando da recuperação de uma margem de manobra, hoje muito reduzida, para respostas adequadas na política econômica – parte crucial da recuperação da confiança no Brasil.

Isso já foi feito mais de uma vez no passado recente, em 1998-1999 e em 2002-2003, e funcionou. Agora, em 2014, apesar da evidente recuperação da economia norte-americana e do clima mais confiante na capacidade de a Europa resolver gradualmente seus inúmeros problemas, não há qualquer possibilidade de volta a um contexto internacional tão favorável quanto aquele que tanto beneficiou, por boa parte do tempo, o governo Lula.

Mais uma razão, se preciso for, para que o Brasil passe desde agora a fazer as coisas mais urgentes. A começar por destravar as inúmeras armadilhas visíveis à frente – algumas de "nossa" própria montagem, em particular nas áreas de energia elétrica, óleo e gás e infraestrutura.

Entre as urgências no gradualismo está a questão fiscal, que envolve o nível, a composição e a eficiência tanto do gasto público quanto da arrecadação do governo. Daí a sugestão de um esforço, tendo em vista o próximo triênio, que tenha uma clara diretiva presidencial, expressa com crível convicção, de que é preciso dar início a um programa de redução da velocidade de crescimento das despesas primárias do governo em relação à velocidade de crescimento da economia. Bem como aumentar a participação dos investimentos em relação aos demais gastos.

Fica difícil quando se aceita a famosa frase de Néstor Kirchner: "Para mim, gasto é investimento." A frase expressa bem uma postura muita difundida entre nós. Mas sempre caberá perguntar: qualquer gasto? Porque haja Tesouro, haja carga tributária, haja aumento de dívida bruta, haja impostos sobre geração futura, se *qualquer gasto* for considerado sempre investimento em "alguma coisa". Sem definição clara de prioridades, sem fazer escolhas difíceis, sem avaliar o reduzido espaço para manobra – e para erro.

2016 – 22 anos

O ANALISTA E O MARCIANO[48]
Edmar Bacha

Ao pousar em Brasília, um marciano fica pasmo ao saber que o Brasil paga taxas de juros altíssimas no mercado internacional, apesar de suas reservas internacionais alcançarem US$ 380 bilhões (US$ 40 bilhões a mais que o total da dívida externa do País) e de suas contas externas estarem praticamente em equilíbrio.

A surpresa do marciano é maior ao verificar que, descontada a inflação, a taxa de juros paga pelo governo aos detentores da dívida pública interna é uma das maiores do mundo, apesar de o déficit primário do setor público não ser tão elevado. Esse déficit poderia ser facilmente coberto com o caixa de quase R$ 1 trilhão que o Tesouro Nacional tem no Banco Central – como, aliás, ocorreu com o pagamento das "pedaladas fiscais" no fim de 2015.

Contatado pelo marciano, um analista local lhe pondera que esse caixa do Tesouro tem como contrapartida um valor ainda maior de dívida do próprio Tesouro com o Banco Central, não devendo por isso mesmo ser usado para pagar "pedaladas". Argui, ainda, que a prova de que as contas públicas

---

48. Originalmente em *O Globo*, 23 set. 2016.

estão em maus lençóis é o fato de a dívida bruta do Governo Central alcançar elevados 70% do PIB.

Mas o marciano fica confuso ao ver que não mais do que 60% dessa dívida bruta se deve a déficits acumulados do Governo Central. Pois 40% dela advém da aquisição de ativos pelo governo, como as reservas internacionais e os créditos com o setor privado. Deduzidos esses ativos, a dívida líquida do governo alcança 42% do PIB, um valor que não assusta para os padrões internacionais atuais.

O analista não se dá por vencido e observa que o déficit público total, incluindo o pagamento de juros, atinge assustadores 10% do PIB. Mas o marciano acha essa constatação algo tautológica, pois o déficit é elevado apenas porque os juros são muito altos. Se os juros fossem baixos, como em quase todo o mundo, o déficit também deixaria de ser assustador.

O analista insiste em que os juros não podem baixar de suas alturas, pois a inflação supera 10% ao ano, quando a meta que o Banco Central persegue é de 4,5%. O marciano fica pasmo ao saber que a inflação se mantém alta, apesar de o País enfrentar uma das piores recessões de sua História, com o desemprego atingindo mais do que 11% das pessoas ativas e o PIB caindo mais do que 7% em dois anos.

Conclui o marciano – parafraseando Tom Jobim sem o saber – que, decididamente, o Brasil não é para extraterrestres. Não basta pousar o disco voador em Brasília e dar uma olhada superficial nos números. É preciso ir além deles e entender a História do País.

O Brasil é conhecido por ser um caloteiro em série. Calotes na dívida foram dados de forma direta por Delfim Netto em 1981, Sarney, em 1987, e Collor, em 1990. Ou, mais comumente, por via de uma aceleração da inflação. Nisso o Brasil foi um recordista até o Plano Real. Entre dezembro de 1979 e julho de 1994, a inflação acumulada foi superior a 13 trilhões por cento, uma das maiores da História Mundial.

Apesar desse histórico de sucessivos calotes, o governo conseguiu que os brasileiros continuassem a usar a moeda nacional e não o Dólar em suas transações financeiras. Para isso, entretanto, teve de pagar uma das mais altas taxas reais de juros do mundo. Como o ônus da dívida pública é pesado, os brasileiros continuam a antecipar que mais dia menos dia o governo optará por provocar um novo surto inflacionário para tentar desvencilhar-se dessa dívida, como o fez tantas vezes antes do Plano Real. Estabelece-se assim no País um equilíbrio precário, em que tanto a taxa de juros real como a expectativa de um calote futuro se mantêm elevadas, mesmo quando a dívida pública líquida e o déficit primário não assustam, para os padrões internacionais atuais.

Informado dessa triste história, o marciano entende melhor a razão dos números que inicialmente tanto o confundiram. O analista pode então lhe explicar as desventuras recentes das políticas fiscal e monetária do País. A partir de 2011, um novo padrão se estabeleceu na economia mundial. A estagnação dos países desenvolvidos ficou patente. A China diminuiu sua taxa de crescimento. O governo de Dilma Rousseff, entretanto, ignorou essa nova realidade. Uma "Nova Matriz Macroeconômica" foi proclamada.

A Nova Matriz se caracterizou por uma política monetária frouxa que deixou de perseguir a meta da inflação;

por uma expansão de gastos do governo sem cobertura de impostos, disfarçada por manobras contábeis e "pedaladas fiscais"; por uma piora da qualidade da dívida do Tesouro, camuflada pela ampliação das operações compromissadas do Banco Central; por controles arbitrários dos preços de insumos essenciais (como petróleo, eletricidade e serviços públicos); e pela oferta exagerada de *swaps* cambiais para tentar evitar a desvalorização do Real sem o uso das reservas internacionais.

De certa feita, o então governador Orestes Quércia teria dito: "Quebrei o Banespa, mas elegi meu sucessor." Dilma Rousseff poderia parafraseá-lo: quebrei o País, mas me reelegi para a Presidência – até dela ser removida pelo processo de *impeachment*.

Com um novo governo, renasce a esperança da construção de instituições fiscais e monetárias sólidas. Quem sabe na próxima vez que o marciano aterrissar em Brasília poderá encontrar um País com as contas públicas em ordem, pronto para voltar a crescer com estabilidade e equidade.

PARTE V

25 ANOS – E AGORA?

Entre o 20º e o 25º aniversários do Real, o Brasil teve três presidentes muito diferentes: Dilma Rousseff, Michel Temer e Jair Bolsonaro. Mas nem por isso o Real se viu abalado.

    O *impeachment* de Dilma Rousseff se deu, em parte, pelo fracasso de seu ataque conceitual e prático às premissas macroeconômicas do Real. Foi apenas natural que Michel Temer adotasse políticas macro mais convencionais e retornasse com sucesso à pauta das reformas. As eleições de 2018 transcorreram normalmente, mas o resultado foi surpreendente. Jair Bolsonaro vence Fernando Haddad, dando início com isso à experiência brasileira com o neopopulismo de direita que varre o planeta por influência de Donald Trump. É uma novidade política perturbadora.

    O 25º aniversário do Real se dá com Jair Bolsonaro na Presidência.

A eleição de 2018 não tratou propriamente de economia. O novo presidente declarava seu alinhamento ao livre mercado e terceirizava o assunto para seu ministro da Economia, Paulo Guedes, que, entretanto, oscilava entre o impulso às reformas, mais retórico do que prático, e os ataques ao que chamava de "passado social-democrata". Nunca antes a narrativa esteve tão distante dos fatos.

Mas o Real não foi ameaçado, nem mesmo pela pandemia, o que, todavia, pode perfeitamente ser creditado em boa medida à postura do Banco Central, quer dizer, ao fortalecimento institucional da nova moeda. Vinha de longe a discussão sobre mandatos dos dirigentes do Banco Central do Brasil, finalmente decidida na Lei Complementar nº 179, sancionada em 2021 e graças à qual o País atravessou uma das eleições mais contenciosas de sua História sem maiores transtornos nos mercados financeiros.

2018 – 24 anos

Paralisia (in)decisória?[49]
Pedro Malan

"Falhar em se preparar é preparar-se para falhar", escreveu Benjamin Franklin, um dos *pais fundadores* da democracia norte-americana. A observação vale para indivíduos e organizações, mas também para países que estejam a viver momentos definidores. Como o Brasil nesta transição de 2018 para 2019 e adiante. Para muitos, o "ano da virada" será 2019 – o primeiro de um governo recém-saído das urnas, dotado de legitimidade e capital político, capaz de tomar decisões difíceis e avançar na agenda de reformas com o Congresso.

Na verdade, para que 2019 seja "ano de virada" é fundamental que 2018 também o seja. Quatro episódios de nossa História recente permitem compreender isso. Em meados de 1993, a inflação caminhava para mais de 2.000% ao ano e o descalabro das contas públicas era evidente; o Brasil não tinha a opção de esperar as eleições de outubro de 1994 e a posse, no começo de 1995, de um novo governo que então decidisse o que fazer. Assim como não podia, em meados de 1998, esperar o início de 1999 para adotar medidas drásticas de ajuste, anunciar seu programa fiscal para o triênio

---

49. Originalmente em *O Estado de S. Paulo*, 11 fev. 2018.

1999-2001 e sinalizar a decisão de buscar apoio internacional para esse programa. Em meados de 2002, o Brasil não podia esperar o início de 2003; os riscos eram muito claros desde abril/maio e levaram a uma *preparação para não falhar* que permitiu uma transição civilizada entre o governo que saía e o que entrava – o que fez muito bem a este último e ao País, por vários anos.

O quarto episódio ilustra não um êxito, mas um fracasso. Em 2014, o Brasil *falhou em se preparar* – ou preparou-se para falhar –, apesar dos inúmeros alertas de que a política econômica era insustentável e teria de mudar, qualquer que fosse o resultado das urnas de outubro daquele ano, aí incluída uma eventual reeleição de Dilma Rousseff. A mudança veio no mês seguinte às eleições, quando era tarde demais. A recessão, iniciada em abril de 2014, só terminaria em dezembro de 2016, após quase 10% da queda na renda *per capita* e 13 milhões de desempregados.

Encontramo-nos desde então em modesta, porém consistente, recuperação cíclica, para a qual contribuiu a condução da política econômica. 2018 será um ano melhor que 2017, que foi melhor que 2016. Mas está claro que a sustentabilidade dessa recuperação depende fundamentalmente de avanços no processo de mudança e reformas, que dependem, por sua vez, de avanços na percepção da opinião pública, antes das eleições, sobre a natureza dos desafios. Quanto mais as dificuldades tenham sido escamoteadas na campanha eleitoral, mais tortuoso será esse processo.

O risco de *falharmos em nos preparar* é especialmente dramático em duas grandes áreas. A primeira é a das finanças públicas. O equacionamento de sua insustentável situação exige que candidatos – a presidente e a governador – que se levem a sério se proponham a conhecer o nível e a composição de despesas, receitas e endividamento do País ou de seus estados. Que mostrem a seus eleitores que estão cientes da gravidade do problema e empenhados em enfrentá--lo, sugerindo linhas de ação e demonstrando disposição de buscar pessoas honestas e tecnicamente competentes para a empreitada. Será *impossível* evitar um debate sério sobre Previdência, a despeito do barulho das corporações.

A segunda grande área é a educação – que constitui o maior desafio na definição de nosso futuro neste século XXI. Com foco no que é fundamental: a redução da desigualdade de oportunidades nos anos iniciais de formação. A exemplo do debate sobre finanças públicas, também aqui tem havido progresso no entendimento dos desafios. Mas tem faltado foco no que importa: a redução das desigualdades na distribuição de renda e de riqueza passa, necessariamente, pela redução das desigualdades na distribuição de *oportunidades*. Aprendizado de qualidade *na idade certa* nas áreas de leitura e escrita, com noções básicas de matemática e ciências. Nosso sistema educacional é regressivo do ponto de vista da distribuição de oportunidades. E o problema não se resolve no âmbito dos ensinos superior ou médio, porque então já é demasiado tarde.

Observações importantes de duas pessoas com formações políticas distintas ilustram as possibilidades de diálogo sobre esta que é uma das tragédias brasileiras. O atual secretário municipal de Educação do Rio de Janeiro, César

Benjamin, responsável por 1.530 escolas, 650 mil alunos, 43 mil professores e 25 mil funcionários, foi direto ao ponto: "Uma criança/adolescente que não aprendeu leitura e escrita e noções básicas de matemática já é um excluído." Na mesma linha pronunciou-se Simon Schwartzman, um de nossos mais respeitados especialistas no tema: "Uma criança que chegar aos 10, 11 anos de idade em uma escola precária, que não aprendeu a ler nem escrever, não tem futuro." Ambos se referem, naturalmente, a este mundo no qual o vertiginoso processo de "destruição criadora" em tecnologia de informação, robotização e inteligência artificial tende a marginalizar pessoas desprovidas das qualificações mínimas requeridas.

É domingo de Carnaval e não quero aborrecer o leitor com números. Basta dizer que as duas observações citadas têm base em amplas evidências empíricas, como a Avaliação Nacional de Alfabetização, que cobre milhares de alunos de 8, 9 anos e cerca de 2 mil escolas públicas, e a pesquisa do OECD (Pisa), que cobre alunos de 15 anos em mais de 60 países. Têm amparo também em pesquisa oficial recente que compara pais e filhos em termos dos respectivos níveis de educação e renda e mostram o desastre que é o analfabetismo funcional no Brasil.

Estamos falhando em nos preparar. Serão crescentes os riscos de esperar o Carnaval – de 2019 – chegar, e passar.

2018 – 24 anos

Urgência e longo prazo[50]

Pedro Malan

O ministro da Fazenda, Eduardo Guardia, e o presidente do Banco Central, Ilan Goldfajn, tomaram a iniciativa de se oferecer para conversar com os economistas responsáveis pelos programas econômicos dos principais candidatos a presidente nas eleições de outubro. Mais que o simbolismo do gesto, o convite ao diálogo – e sua aceitação – tem importância que não deve ser subestimada. Nesta quadra difícil da vida nacional, como raras vezes na História recente do País, tem sido importante formar uma certa ideia, mais ou menos compartilhada, sobre *onde estamos*. Mesmo quando há legítimas divergências sobre como chegamos à situação atual e, por certo, diferenças de opinião sobre o que nos reserva o incerto futuro.

Vale relembrar, neste agosto turbulento, um aspecto da experiência na transição de 2002 para 2003, ou seja, de FHC II para o governo que resultasse das urnas de outubro daquele ano. Em agosto, o então presidente convidou para reuniões – separadas – no Palácio do Planalto os quatro principais candidatos à Presidência e seus principais assessores

---

50. Originalmente "Sentido de urgência e visão de longo prazo", em *O Estado de S. Paulo*, 12 ago. 2018.

econômicos e políticos. Compareceram às reuniões os candidatos Luiz Inácio Lula da Silva, José Serra, Ciro Gomes e Garotinho, com seus assessores de maior confiança. A todos foram explicadas as razões que haviam levado o governo – dadas as crescentes incertezas sobre o que poderiam vir a ser as políticas de um novo governo a partir de 1º de janeiro de 2003 – a negociar, nos meses de junho e julho, um acordo preventivo com o FMI no valor (recorde à época) de US$ 30 bilhões, mais de 80% dos quais estariam disponíveis para o futuro governo. O Congresso já havia então aprovado a LDO com o superávit primário definido para 2003.

Os encontros transcorreram em clima civilizado e a imprensa registrou devidamente, à época, não apenas a longa entrevista dada pelo presidente FHC no mesmo dia (19 de agosto de 2002), descrevendo o encontro, como também os pronunciamentos dos candidatos no dia e em várias ocasiões subsequentes.

Lula reiterou seu compromisso com palavras claras: "Nosso governo vai preservar o superávit primário o quanto for necessário, de maneira a não permitir que ocorra um aumento da dívida interna em relação ao PIB, o que poderia destruir a confiança na capacidade do governo de cumprir seus compromissos." Além de reafirmar compromissos de honrar contratos e controlar a inflação. Ciro Gomes foi na mesma linha. José Serra apoiou.

A situação das contas externas hoje é seguramente muito mais favorável do que em 2002, dado o superávit comercial, o nível de reservas, o ingresso de investimento direto estrangeiro. Contudo, o grau de incertezas na área de finanças públicas e sobre políticas futuras é muito maior do que em 2002, dados os déficits primários acumulados há anos (e por vir) e a insustentável situação da crescente dívida pública. A necessidade – urgente – de consolidação fiscal exige reformas e visão de longo prazo. E mais diálogo, como em 2002, embora, como sabemos, a História nunca se repita.

Apenas para ilustrar a magnitude do desafio das reformas, cabe lembrar que a taxa de crescimento da economia brasileira nos últimos 23 anos (1995-2017) foi de 2,4% ao ano em média, enquanto, segundo o FMI, no conjunto dos 154 países emergentes e em desenvolvimento cresceu na média anual de 5,3% no mesmo período. Vale observar que, dividindo os 23 anos em três subperíodos – 1995-2002 (oito anos); 2003-2010 (oito anos); e 2011-2017 (sete anos) –, as taxas de crescimento do Brasil e do mundo foram, respectivamente: 2,4% e 4,2%; 4,1% e 6,8%; e 0,5% e 5%.

É evidente que temos problemas de natureza cíclica e problemas de natureza estrutural, ou, dito de outra forma, problemas de curto, de médio e de longo prazos que exigirão reformas com o sentido de urgência que a situação requer.

O mais urgente desafio é a redução das incertezas sobre o grau de entendimento e de comprometimento das lideranças políticas (e do Congresso) com o processo de mudanças e de reformas. E, portanto, das grandes incertezas sobre a nossa capacidade de tê-las implementadas em prazo hábil. Há limites para a procrastinação: está a esvair-se o bônus demográfico, e corremos sério risco de ficar para trás em relação a outros países relevantes e de nos tornarmos um País velho antes de nos transformarmos em um País rico.

Existem no Brasil visões distintas sobre a identificação dos problemas mais relevantes, sobre suas inter-relações e, principalmente, sobre as formas mais apropriadas, desejáveis e eficazes de com eles lidar. Essas legítimas diferenças de opinião com frequência se expressam de forma conflitiva, como parte de um processo muito mais amplo que a tradicional visão de política como competição pelo poder, com ênfase nos processos eleitorais.

Na verdade, os conflitos em uma sociedade de massa que procura se organizar como uma efetiva democracia pluralista, em um País marcado por profunda heterogeneidade estrutural e disparidades sociais e regionais, podem ser vistos de duas maneiras básicas. A primeira, negativa, é lhes conferir capacidade de gerar um tal nível de instabilidade política que esta possa chegar a comprometer o desenvolvimento econômico e social do País. A segunda maneira básica de ver os inúmeros conflitos que se desdobram de forma contínua entre nós é como algo que pode, eventualmente, contribuir mais para a progressiva consolidação da democracia do que para seu enfraquecimento.

Não há razão para que, entre nós, não possa prevalecer, ainda que gradualmente, a segunda visão acima mencionada: a de uma certa ideia de um Brasil decente, politicamente democrata e republicano, socialmente progressista e inclusivo, além de economicamente responsável, em particular na gestão das finanças públicas. Esta última não constitui um fim em si mesma, mas sem ela não será possível ao Brasil alcançar as taxas de crescimento da renda e do emprego que constituem o nada obscuro objeto de desejo da maioria dos brasileiros.

2019 – 25 anos

Realismo e esperança[51]
Pedro Malan

A virada de fevereiro para março de 2019 marcou o 25º aniversário de lançamento da URV e, portanto, do Real, no qual a URV se converteria quatro meses depois. Nos primeiros 25 anos do Real, a taxa média anual de inflação brasileira foi de cerca de 7%-7,5% ao ano, alta para padrões internacionais em períodos tão longos (embora hoje estejamos com as expectativas aparentemente ancoradas em taxas bem mais baixas). Esse desempenho deve ser visto à luz do nosso longuíssimo passado de inflação alta, crônica e crescente – até o Real. O País desconhecia taxas de inflação inferiores a 10% ao ano desde 1950. A média do período 1950-1980 foi da ordem de 25%-30% ao ano. Chegamos a 100% em 1980, a 240% em 1985, a 1.000% em 1988 e a 2.400% em 1993.

Esse tipo de aceleração inflacionária por período tão prolongado, sintoma de conflitos distributivos e de intenções de gastos em consumo e investimento que excediam em muito a capacidade de resposta da oferta doméstica, mascarava a extensão do desequilíbrio fiscal estrutural *ex ante*, para usar

---
51. Originalmente "Foi possível há 25 anos, há que tentar sempre", em *O Estado de S. Paulo*, 10 mar. 2019.

o terrível jargão dos economistas. Hoje, esse desequilíbrio mostra sua face mais visível nas contas públicas, em particular de estados e municípios, que não contam mais com a inflação crescente para mascarar seus problemas. Mas tampouco têm capacidade de endividamento adicional, não podendo escapar de fazer difíceis escolhas, inclusive promovendo reformas que lhes permitam algum raio de manobra, especialmente nas áreas de pessoal e Previdência e na gradual retomada dos investimentos, onde residem os grandes e fundamentais desafios a enfrentar.

Mais de uma vez expressei minha confiança de que o Real tenha vindo para ficar – e para sempre – como a definitiva moeda nacional, com seu poder de compra relativamente estável, porque isso era – e é – do interesse de todos os brasileiros. Para tal, avançamos em algumas áreas mais: o regime de taxas de câmbio flutuantes está em vigor há mais de 20 anos e o regime de metas de inflação completará 20 anos em junho próximo. Esperamos que ambos se consolidem como os regimes cambial e monetário que mais convêm ao País e a seu futuro, à parte legítimas controvérsias sobre – dados os regimes – a operacionalização das políticas monetária e cambial e sobre os níveis específicos das taxas de câmbio e de juros. A consolidação desses dois regimes depende de avanços na área fiscal. A propósito, antes do comentário final sobre a difícil situação neste crucial ano de 2019, quero aproveitar a oportunidade destes 25 anos da URV/Real e chamar atenção para algo que não mereceria ficar relegado aos escaninhos da memória de uns poucos, porque é relevante para o Brasil de hoje – e seu futuro.

Como é sabido, FHC assumiu o Ministério da Fazenda em fins de maio de 1993 como o quarto ocupante do cargo, antes que o governo Itamar Franco alcançasse o oitavo mês. Cerca de três semanas depois, em 13 de junho daquele ano, foi dado a público o então chamado Plano de Ação Imediata, que colocava a questão do que chamava de "o descalabro das finanças públicas brasileiras" no seu contexto mais amplo, resumido em cinco pontos que reproduzo textualmente:

1) O Brasil só consolidará sua democracia e reafirmará sua unidade como Nação soberana se superar as carências agudas e os desequilíbrios sociais que infernizam o dia a dia da população.
2) A dívida social só será resgatada se houver ao mesmo tempo a retomada do crescimento autossustentado da economia.
3) A economia brasileira só voltará a crescer de forma duradoura se o País derrotar a superinflação que paralisa os investimentos e desorganiza a atividade produtiva.
4) A superinflação só será definitivamente afastada do horizonte quando o governo acertar a desordem de suas contas, tanto na esfera da União como na dos estados e municípios.
5) E as contas públicas só serão acertadas se as forças políticas decidirem caminhar com firmeza nessa direção, deixando de lado interesses menores.

Este quinto e último ponto detém surpreendente atualidade, relevância e urgência e deve continuar a ser visto em conjunto com os pontos 1 e 2. Como há 25 anos, é imperiosa a necessidade de governos equacionarem a situação de suas contas, tanto na esfera da União quanto na dos estados e municípios. Se em 1993 era fundamental um ataque determinado à inflação de mais de 2.000%, o fim da hiperinflação não era um fim em si mesmo. Como dizia o ex-ministro Ricupero, era apenas o começo do início do princípio: a agenda para o Brasil pós-derrota da hiperinflação se confundia com a agenda muito mais ampla do desenvolvimento econômico social e institucional do País – livre da droga da inflação, de seu zumbido e sua poeira, que mascaravam e, portanto, nos impediam de descortinar os verdadeiros problemas do País. Que continuam a nos assombrar, para muitos como indecifráveis esfinges e quimeras.

Não é preciso, como sugeriu Camus, "imaginar Sísifo feliz", mas é preciso, sim, mostrar que nem todas as quimeras são indecifráveis e que nem todas as esfinges necessariamente nos devorarão. Já o fizemos no passado, apesar de todos os riscos e incertezas. É preciso manter viva a chama da esperança, a aposta no diálogo e a busca das convergências possíveis. Que sempre existem, apesar das aparências em contrário e do desassossego com certas disfuncionalidades destes primeiros 70 dias do governo e 40 dias do novo Congresso.

Há que apostar no poder da persistência e no "realismo esperançoso" de Ariano Suassuna, para evitar a simplória dicotomia entre apenas duas posições polares: "otimistas" e "pessimistas". Ou, talvez pior para uma democracia pluralista: o "nós contra eles" substituindo o "eles contra nós". O Brasil é maior que isso – e os brasileiros merecem algo melhor.

2019 – 25 anos

Três lições de arquitetura[52]
Gustavo H. B. Franco

Escrevo sobre o aniversário do Real a cada ano e o assunto não termina. Sempre se encontra um jeito de trazer alguma lição importante para a atualidade, e desta vez me ocorre elaborar sobre três coisas que o Plano Real fez muito certo, e que não são óbvias.

A primeira é sobre como trabalhar com públicos hostis, no caso, irritados tanto com a inflação quanto com *o combate* à inflação. Em lugar de panaceias como "pactos sociais" e "controle social dos preços", introduzimos a URV, *um mecanismo compatível com os incentivos* das pessoas físicas e jurídicas diante dos riscos introduzidos tanto pela inflação quanto pelo programa de estabilização.

Hoje temos um nome para isso, consagrado em 2007, quando a Academia Sueca deu o Nobel de Economia a três pioneiros da "teoria do desenho de mecanismos" (Eric Maskin, Leonid Hurwicz e Roger Myerson). Trata-se de construir mercados, jogos ou mecanismos cujas regras são tais que pessoas egoístas seguem seus piores

---

52. Originalmente "25 anos do Real: três lições", em *O Estado de S. Paulo* e *O Globo*, 30 jun. 2019.

instintos, mas o resultado coletivo é o melhor para a sociedade.

A nossa URV era exatamente isso, seus resultados foram brilhantes e a grande lição aqui tem a ver com o alinhamento de incentivos.

Entretanto, ainda que bem-sucedida, a URV passou longe de resolver o problema inteiro. Em julho de 1994, já com a nova moeda, a inflação foi de 6,8% e em agosto foi de 1,9%. Nesses dois primeiros meses, a taxa de inflação anualizada foi de 66%, e nos primeiros 12 meses de vida do Real o IPCA acumulou 33%. Números inaceitáveis.

Não há dúvida de que começava aí uma segunda fase do Plano Real, bem menos charmosa e festejada que a reforma monetária. Tivemos sucesso na invasão da Normandia, mas tínhamos um longo caminho e muitos campos minados e metralhadoras inimigas até Berlim.

O segundo grande acerto do Plano Real foi *tratar da infecção e não tanto dos sintomas*. Era a diferença relativamente aos "choques heterodoxos" – a equipe do Real acreditava em antibióticos, cuja administração teve duas vertentes.

De um lado, tratava-se da reconstrução institucional da moeda, o que começava pela governança, continuava com o ajuste no sistema bancário privado, com a extinção ou privatização dos bancos estaduais, com o conserto dos bancos federais e as renegociações de dívidas e programas de ajustamento das finanças estaduais, dos quais resultaria, alguns anos à frente, a Lei de Responsabilidade Fiscal. Uma agenda muito carregada.

De outro lado, a partir de 1995, começavam a ser administrados os antibióticos de natureza constitucional. Em seu primeiro mandato, FHC enviou ao Congresso 27 PECs, 13 das quais foram aprovadas, e mais 11 em seu segundo mandato, aprovando seis. Isso é muito mais do que todos os outros presidentes subsequentes somados (24 PECs apresentadas e sete aprovadas), sem falar no peso de cada emenda.

Desde Castello Branco, o País não experimentava uma combinação tão intensa de reformas modernizadoras com impactos tão agudos para seu futuro, graças à estabilização e em apoio a esta. É interessante como urgências e resultados interagem com a política e ajudam a passagem de reformas.

O terceiro acerto do Plano Real foi o de não ceder à complacência e *levar o trabalho até o fim, pois não existe meia estabilização*. Isso significava para o Banco Central, que até pouco tempo era chamado (pelo presidente Itamar) de "caixa-preta", cumprir a missão para o qual tinha sido criado em 1964, 30 anos antes. Já era tempo.

Como se sabe, o superávit primário só apareceu para ajudar em 1998, quando o trabalho já estava praticamente completo. De modo que, depois de julho de 1994, a Autoridade Monetária teve de utilizar as políticas monetária e cambial em gradações elevadas, conforme necessário para completar sua missão, pois não se abandona o *crack* parcialmente.

Essa segunda fase levou vários anos. A inflação caiu abaixo de 20% anuais apenas em abril de 1996, 22º mês da nova moeda, e abaixo de 10% apenas em dezembro, 30º mês, e abaixo de 5% em janeiro de 1998, o 43º mês. Em 1998 a inflação foi a menor desde a criação do BCB: 1,6% anuais. Foi quando a estabilização se completou.[53]

Como teria sido a vida se, no meio do caminho, o presidente cedesse às pressões para o afrouxamento das políticas de juro, câmbio e fiscal?

São muitos os cenários possíveis, mas creio que na maior parte deles a abstinência parcial arruinaria o tratamento, de tal sorte que, muito provavelmente, não estaríamos comemorando coisa alguma neste momento.

---

53. Conforme descrito no artigo "Sete batalhas", sobre os 15 anos do Real, na p. 112.

2022 – 28 anos

Acordos políticos e riscos econômicos[54]

Edmar Bacha

Este texto ressalta dois pontos. O primeiro, sobre a negociação do Plano Real; o segundo, sobre os riscos postos pela evolução da economia brasileira desde 2003.

O primeiro ponto é que o Plano Real só foi bem-sucedido pela união que fez da técnica com a política. Concentro-me na política. Ao contrário dos fracassados Planos anteriores, o Plano Real foi preanunciado e integralmente negociado com o Congresso.

Envolveu, em primeiro lugar, uma Proposta de Emenda Constitucional para desvincular as receitas da União e permitir equilibrar o Orçamento em 1994 – emenda na época denominada Fundo Social de Emergência e depois, mais apropriadamente, nomeada como Desvinculação das Receitas da União. Em segundo lugar, uma medida provisória, convertida em lei pelo Congresso, que criou a Unidade Real de Valor, na qual passaram a se denominar preços e salários, permitindo uma transição tranquila para a nova moeda, o Real.

---

54. Apresentação em seminário on-line sobre os 28 anos do Plano Real, promovido em 30 de junho de 2022 pela Fundação Astrojildo Pereira.

Queria ressaltar o papel central do MDB – então PMDB – na aprovação dessas medidas. Trata-se de um capítulo geralmente desconhecido da história do Plano Real. Na época, havia um entendimento entre o PSDB e o PLF – hoje, Democratas – para a candidatura de Fernando Henrique Cardoso à Presidência. Mas, somados, esses dois partidos tinham apenas 152 votos na Câmara dos Deputados. Era fundamental o apoio do PMDB, com seus 107 deputados, assim somando com PSDB e PFL metade da Câmara, número suficiente para a aprovação dos projetos que interessavam ao Plano.[55]

Roberto Freire era o líder do governo na Câmara, mas seu partido, o PPS – hoje Cidadania –, tinha apenas dois deputados. Apesar de ter seu próprio candidato à Presidência (Orestes Quércia), o PMDB não se negou a negociar a aprovação do Plano. Ao contrário. Tanto a PEC do FSE como a MP da URV tiveram como seus relatores deputados do PMDB. No caso da PEC, Gonzaga Motta, na Comissão Especial. E Nelson Jobim, no plenário. No caso da MP, Neuto de Conto. Esse entendimento com o PMDB foi propiciado pelo presidente do partido, o saudoso Luiz Henrique da Silveira, e pelo líder do PMDB na Câmara, deputado Tarcísio Delgado. Rendo minhas homenagens a esses eminentes políticos do PMDB, hoje MDB, com quem tive o prazer de negociar a aprovação do Plano Real no Congresso.

O acordo político no Congresso que permitiu a aprovação do Plano foi um verdadeiro pacto social. Nele, o PMDB

---

55. A PEC do FSE foi aprovada no contexto da Revisão Constitucional de 1993-1994, com voto unicameral e quórum de 50%.

defendeu os pontos de vista dos sindicatos dos trabalhadores, já que o PT não quis negociar e simplesmente votou contra o Plano Real. Como também votou contra o Plano Real o atual presidente da República, o então deputado Jair Bolsonaro. É por essa exitosa história da aprovação do Plano Real no Congresso que vejo com enorme alegria nesta reunião novamente presentes PSDB, MDB e Cidadania, representado o PSDB por Tasso Jereissati e Marcus Pestana, o MDB por Simone Tebet e o Cidadania por Roberto Freire.

Sobre os riscos postos pela situação econômica do País, apresento, a seguir, o gráfico "PIB Países América Latina", que remonta a 2003, quando Lula assumiu a Presidência. Esse Gráfico 2 mostra o comportamento do PIB do Brasil comparado com uma média de oito países latino-americanos.[56] Como se vê na imagem, tivemos um período de crescimento até 2014, mas o desempenho do Brasil esteve sempre abaixo da média dos demais países da América Latina. O crescimento do PIB do Brasil e da América Latina como um todo até 2014 se explica pelo auge das *commodities*, o enorme aumento dos preços dos produtos exportados pelos países latino-americanos devido ao insaciável apetite importador da China, então em crescimento espetacular.

---

56. O gráfico é cortesia de Daniel Leichsenring, da Verde Asset, a quem agradecemos.

Gráfico 2. PIB Países América Latina

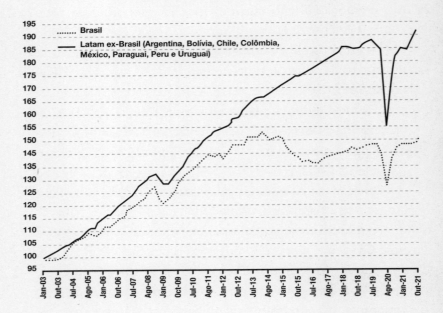

Quando o auge das *commodities* arrefece, em 2014, o Brasil para de crescer. O mesmo não acontece com os demais países latino-americanos, que continuam a crescer. Em 2015 e 2016, explicita-se, enfim, o desastre econômico comandado pelo governo do PT de então. Uma recessão de tal magnitude que até hoje nos desafia.

O governo de Bolsonaro não se sai melhor na foto. O PIB do Brasil cai menos do que o dos demais países latino-americanos na pandemia. Mas também não se recupera tão bem como eles. Nossos parceiros no continente mantêm uma trajetória de crescimento em V, enquanto o Brasil mal cresce depois de se recuperar da pandemia.

Além de crescer menos que nossos pares na América Latina, Bolsonaro também se sai muito mal na foto da inflação. Tirando Venezuela e Argentina, que são casos à parte, a inflação brasileira é a maior do continente. Entre os 20 maiores países do mundo, só Argentina, Turquia e Rússia têm inflação maior que o Brasil. Voltamos a ter uma inflação superior a 10%, o que só aconteceu duas vezes depois da estabilização do Plano Real. A primeira quando houve o medo de Lula, em 2002, o que fez o Dólar e a inflação dispararem naquele ano. A outra vez que o Brasil teve inflação maior do que 10% foi em 2015, em função dos disparates econômicos do governo de Dilma Rousseff.

A inflação deve se manter acima das metas aprovadas pelo Conselho Monetário Nacional nos próximos dois anos. Isso apesar de o Banco Central praticar uma política de juros reais altíssimos, que acredito não haver paralelo no mundo. A manutenção dessa inflação alta deve-se ao descontrole fiscal e às ameaças às instituições democráticas por parte de Bolsonaro.

Em suma, seja com Lula, seja com Bolsonaro, dois opositores à criação do Plano Real, o País parece condenado a um baixo crescimento e a uma alta inflação. É por isso que precisamos de uma alternativa política, inspirada nos ideais do Plano Real, para promover o retorno do crescimento, com estabilidade de preços, distribuição da renda e conservação da natureza. É nesse espírito que estamos aqui reunidos, comemorando os 28 anos do Plano Real.

2023 – 29 anos

Aquele cidadão[57]

Gustavo H. B. Franco

Que bom que temos um "cidadão" presidindo a agência reguladora da moeda. E que infelicidade chamar alguém assim com o intuito de diminuir.

Entendo que o presidente da República (doravante PR, como se fala nos corredores da burocracia) usou essa expressão também com o sentido de evidenciar seu *desconhecimento pessoal*: aquele ali, aquele rapaz, não conheço a pessoa, aquele cidadão anônimo, sem padrinho, um "não eleito" e que não escolhi.

A impessoalidade diminui a pessoa na pátria do "sabe-com-quem-está-falando", mas é, ao mesmo tempo, um dos princípios orientadores da administração pública, segundo a Constituição (artigo 37).

O presidente do Banco Central não tem que ser amigo, aliado ou escolhido do PR, melhor que não seja e é a lei: está em jogo o interesse público.

Pelo mesmo motivo, convém lembrar, a diretoria do BCB é colegiada, do tipo que decide em conjunto, e eles são nove.

---

[57]. Originalmente em *O Estado de S. Paulo* e *O Globo*, 26 mar. 2023.

É grotesco, ainda que não inconstitucional, o PR ralhar em público com o presidente do BCB.

Não sei bem qual a diferença entre isso e a diatribe do PR anterior contra os conselheiros da Anvisa e de outros órgãos técnicos da Saúde. Nesses casos, ficou estabelecido que se tratava de "ataques à Ciência". E agora?

O que dizer quando o PR quer atropelar o BCB na sua rotina de execução do sistema de metas para a inflação e fazer política monetária lá do Palácio? E quando o PR diz que os livros de economia não servem mais?

É verdade que é muito mais fácil, ao menos na aparência, duvidar do saber especializado dos economistas que do saber dos profissionais da área da saúde. A "medicina alternativa" em economia é muito popular, e inofensiva a maior parte do tempo. Só deixa de ser quando é levada a sério para substituir a medicina convencional.

As redes sociais estão cheias de "debates necessários", todo mundo tem opinião sobre juros. Nada de errado com essa cacofonia. Muita gente que nunca viu uma ata do Copom, nem sabe bem com quantos índices de inflação se faz uma canoa, está ultrajada com a "falta de fundamento" para o que fez o BCB, ou com a "intransigência" da autarquia em não se deixar pazuelizar.

Questionar o saber estabelecido é uma estratégia populista clássica: ela suscita a ilusão de que a liderança possui uma fórmula mágica, uma solução salvadora e simples, o que, na verdade, não tem. Nem para a covid nem para a economia.

Não se trata de discutir se os juros são altos ou muito altos, ou se a Ivermectina previne ou interfere com a covid, ou se o STF extrapolou nisso ou naquilo, e de que jeito exatamente.

O problema é com o respeito às instituições e ao saber especializado: falas presidenciais instigam, não são tuítes como quaisquer outros.

Não se trata de "interdição" de nenhum debate, mas de autocontrole.

2023 – 29 anos

Terminou em churrasco[58]

Gustavo H. B. Franco

O ano de 2023 começou com o presidente da República queixando-se publicamente do presidente do Banco Central, Roberto Campos Neto, o primeiro cidadão com mandato entrando por dentro de um governo de presidente adversário daquele que o nomeou.

É feio quando o presidente da República assume posturas tolas, parecendo apenas agradar ao seu cercadinho. Pior ainda quando é sincero e ecoado pelos áulicos.

No passado, quando podia demitir o presidente do BCB, o Palácio se queixava dos juros em *off*. Fazê-lo abertamente convidava à pergunta sobre por que não demitir. Quando perdeu esse poder, o presidente ganhou o privilégio de reclamar publicamente, ainda que sem consequência. Parece que Lula se sente melhor nessa nova situação.

Em seguida, a tentativa foi de pazuelizar a instituição, nomeando como diretores os seus "homens de confiança", uma solução comum para outros colegiados.

No fim de 2024 terminam os mandatos de Campos Neto e de dois outros diretores. Lula terá o "controle" da instituição

---

58. Originalmente em *O Estado de S. Paulo* e *O Globo*, 31 dez. 2023.

ao escolher seus substitutos, sobretudo o presidente, somando sete nomeados seus de um colegiado de nove. Terá?

A escolha do novo presidente do BCB não será simples, uma vez que vai ocorrer, provavelmente, no mesmo momento em que o Copom vai se decidir sobre a "taxa neutra", ou sobre até que nível vai cair a Selic.

Com todos esses pratos no ar, por ora, felizmente, tudo permaneceu como estava.

Em Brasília, às vezes, é preciso percorrer um caminho muito sinuoso para tudo ficar no mesmo lugar.

A meta de inflação para 2023 era de 3,25% com 1,5% de margem de tolerância, portanto, com um "teto" de 4,75%. As expectativas para o IPCA em 2023 aferidas pelo Focus (de 22/12, último do ano) estavam em 4,46%.

Tudo isso em percentuais anuais, que não era como se media a inflação antes do Real.

Campos Neto cumprirá sua meta no dificílimo primeiro ano de presidente da República inimigo daquele que o nomeou. Um feito tão "histórico" quanto a passagem da reforma tributária. Impossível dizer o que é mais difícil: domar o IPCA ou engolir em seco diante de provocações públicas de natureza presidencial.

Pois Campos Neto terminou o ano de 2023 participando alegremente de churrasco na Granja do Torto em harmonia com o presidente e seu entorno.

Houve um "ganho institucional", talvez com implicações para a definição do perfil do próximo presidente do BCB. Mas convém não exagerar na transcendência do gesto. Um churrasco pode ser mais que uma refeição, ou não.

Anexo

Fernando Henrique Cardoso não escreveu artigos públicos em todas as efemérides do Real. Mas, em 2019, redigiu um breve texto que, pela clareza e pelo vigor analítico, traz valiosa reflexão sobre o Real, duas décadas e meia depois de sua criação. Em reconhecimento à qualidade do artigo e à estatura do seu autor, a quem este volume é dedicado, decidimos incluí-lo aqui.

Os Autores

2019 – 25 anos

É IMPORTANTE RELEMBRAR[59]

Fernando Henrique Cardoso

Neste mês de julho de 2019 o Real completa 25 anos. As novas gerações não se lembram, mas a inflação foi um flagelo. De dezembro de 1979 a julho de 1994, a inflação acumulada atingiu aproximadamente 12 trilhões por cento.

A renda do trabalhador era corroída pela alta crônica e crescente dos preços. Sofriam principalmente os trabalhadores mais pobres, sem organização sindical, a maioria. Onde o sindicato era forte, havia greve a toda hora: as empresas concediam aumentos salariais, mas repassavam para o consumidor, alimentando a espiral inflacionária. Protegiam-se melhor dela os bancos, os grandes aplicadores, as empresas capazes de impor seus preços ao mercado e o governo, que tinha suas receitas indexadas e contava com a inflação para ajustar o valor real de seus gastos. Daí o aumento da pobreza e da desigualdade provocado pela inflação.

O governo defendia o seu caixa, mas não conseguia planejar suas ações. Nem as empresas, muito menos os pequenos empreendedores, as famílias e as pessoas. A inflação era

---

[59]. Originalmente "Vinte e cinco anos do Real", em *O Globo*, 7 jul. 2019.

um flagelo especialmente para os mais pobres, mas infernizava o País como um todo.

Foi nesse contexto que ouvi, perplexo, em Nova York, o presidente Itamar me perguntar pelo telefone se eu aceitaria trocar o Ministério das Relações Exteriores pelo Ministério da Fazenda. Era maio de 1993. Eu seria o quarto ministro da pasta em sete meses de governo. Disse-lhe que não deveria trocar o então ministro, Eliseu Resende, mas que, ausente do Brasil, não sabia avaliar a situação. Ele respondeu que conversaria com o ministro e me informaria. Mais tarde mandou avisar que não precisava mais falar comigo. Fui para o hotel desanuviado, até ser despertado de manhã por minha mulher, Ruth, desgostada por eu haver sido designado para pasta tão difícil.

Voltei ao Brasil com meu chefe de gabinete, embaixador Sinésio Sampaio Góes. Disse-lhe que precisaria dele no novo ministério, pois não conhecia bem os funcionários de lá. Voei pensando no discurso de posse no dia seguinte. Repeti o mantra de José Serra: "O Brasil tem três problemas: o primeiro é a inflação, o segundo também e... o terceiro, idem." Mas "com que roupa" eu poderia dirigir o Ministério da Fazenda? Sou sociólogo, embora haja trabalhado na Cepal e iniciado a carreira universitária na Faculdade de Economia da USP. Só havia um jeito: convocar uma boa equipe de economistas e cuidar da política. Tinha recebido carta branca de Itamar.

A isso me dediquei com afinco. O primeiro a topar foi Clóvis Carvalho, a quem designei secretário-geral. Edmar Bacha aceitou ser assessor. Consegui a nomeação de um jovem Gustavo Franco para a Secretaria de Política Econômica, que seria chefiada por Winston Fritsch. Acompanharam-me ainda meu assessor no Senado, Eduardo Jorge, e um antigo aluno e amigo, Eduardo Graeff. No começo, imaginamos um Plano tradicional de controle de gastos.

Foi a partir da sugestão de Edmar Bacha (a de se tomar como índice de correção monetária as Obrigações do Tesouro Nacional) que começamos a pensar em uma transformação mais profunda. Ali começou a nascer a URV, inspirada em texto teórico de André Lara Resende e Persio Arida, escrito dez anos antes. Mais tarde o presidente Itamar, sempre inquieto, proporcionou-me incluir ambos na equipe.

André substituiu Pedro Malan na chefia da negociação da dívida externa, enquanto este assumiu o Banco Central quando, no início de agosto de 1993, Itamar se desentendeu com o presidente anterior do banco e resolveu demiti-lo. Outro choque entre Itamar e um alto funcionário – dessa vez com o presidente do BNDES – me permitiu convencê-lo a escolher Persio Arida para o cargo. Daríamos a sensação de estar fazendo um novo Plano Cruzado. Embora não fosse certo, era tudo o que Itamar queria.

Estava, assim, formada a equipe básica dos trabalhos do Plano Real, que se reunia sob a batuta de Clóvis Carvalho. Eu comparecia a algumas das discussões. Quando a proposta era muito complicada, sobretudo com equações, dizia logo: esclareçam melhor porque eu terei de explicar tudo ao País. E foi o que fiz. Das decisões tomadas, duas devem ser destacadas. A primeira foi a sugestão de anunciar com antecipação tudo o que faríamos, nada de surpresas! A segunda foi a de tomar cuidado com as questões legais. A essa tarefa Eduardo Jorge e Gustavo Franco se dedicaram, com apoio de profissionais do direito. Evitamos os erros jurídicos que ocorreram em outros Planos.

Dediquei-me a explicar o Plano (tarefa continuada com sucesso por Rubens Ricupero). Falei com cada bancada partidária no Congresso, com os principais líderes sindicais, inclusive os da CUT, com os ministros e, especialmente, com a Nação. Mudar o rumo de uma economia não é só tarefa técnica. É também política. É de convencimento, e não apenas "dos mercados", mas da população. Sem que a mídia e os comunicadores houvessem entendido e, até certo ponto, aceitado o desafio da estabilização da moeda, nada de profundo aconteceria. Mais ainda: a URV não era "um truque", era uma ponte sólida para uma moeda estável.

Um programa econômico da magnitude do Real é um processo, leva tempo. Requeria a renegociação da dívida externa, como a privatização de muitos bancos públicos, especialmente os estaduais, a negociação da dívida pública de estados e municípios e muitas outras medidas que seriam tomadas ao longo de meus dois mandatos na Presidência, culminando com a Lei de Responsabilidade Fiscal. Foram necessários tempo, persistência e coragem. Só assim se ganha o que é fundamental: a credibilidade.

Por isso é importante relembrar os 25 anos do Plano Real. De novo, o País está em perigo. Mãos à obra, a começar pela reforma da Previdência.

PARTE VI

30 anos – O futuro

O futuro chegou, depois de demorar um tanto menos do que se esperava, como tem acontecido em anos recentes, assim multiplicando as dúvidas que o presente já trazia.

O Real segue firme e as eleições de 2022, assim como as de 2018, não trazem a economia como um de seus temas mais importantes. Por isso mesmo a terceira Presidência Lula tem início em 2023 às voltas com outros assuntos. O 30º aniversário do Real tem lugar no segundo ano de um governo cuja índole na economia está turvada por ambiguidades.

O PT parece não ter aprendido coisa alguma, ao passo que o presidente, quando perguntado, em especial sobre os assuntos fiscais, pede que observem seu comportamento passado. Com efeito, o ministro Fernando Haddad assemelha-se a Antonio Palocci em certos momentos. Já as diatribes do presidente com Roberto Campos Neto mostram o desconforto com a autonomia da Autoridade Monetária.

O futuro parece estar onde sempre esteve, em nossas mãos, mas envolto em hesitações mal disfarçadas, como cautela diante de incertezas.

2024 – 30 anos

Trinta anos do Real e décadas vindouras[60]

Pedro Malan

Em 2024 o Real completa seus primeiros 30 anos como moeda nacional de estável poder de compra. Um marco histórico, dado nosso passado de recordista mundial de inflação acumulada, do início dos anos 1960 ao início dos anos 1990.

Nenhum brasileiro que tenha menos de 46 anos (a maioria da população) tem lembrança vívida da marcha da insensatez que foi a evolução de nossa inflação – alta, crônica e crescente por décadas, até chegar aos surreais 2.400% no ano de 1993, o último antes da criação do Real. Da mesma forma, nenhum brasileiro que tinha menos de 46 anos em 1989 (novamente, a maioria da população) havia votado para presidente da República. Há que comemorar os 35 anos de eleições diretas para o cargo, apesar das dores do aprendizado.

Ao derrotar a hiperinflação e se consolidar, o Real permitiu que o País pudesse vislumbrar, com um pouco mais de clareza, a magnitude de outros problemas econômicos, sociais e político-institucionais que precisavam ser enfrentados

---

60. Originalmente em *O Estado de S. Paulo*, 14 jan. 2024.

para que pudéssemos vislumbrar nosso futuro, no longo prazo, com mais confiança. Nas comemorações dos 30 anos do Real e de nossa democracia seria importante incorporar uma visão que vá além de 2024, do próximo triênio, do restante desta década.

Em sua edição mais recente, a revista *The Economist* mostra que isso é o que procuram fazer vários países em desenvolvimento no mundo de hoje. Segundo a revista, em 2050 haverá um novo grupo de potências econômicas – *se seus planos ambiciosos se concretizarem*. A Índia de Modi pretende alcançar em 2047 (centenário de sua independência) o status de País de alta renda, tal como definido pelo Banco Mundial. A média de crescimento para tal deveria alcançar 8% ao ano, a ser obtida via investimentos em indústria de alta tecnologia. A Indonésia pretende explorar as oportunidades de investimento propiciadas pela transição energética e espera crescer 7% ao ano nas próximas décadas. Os países árabes do Golfo preveem diversificar suas economias para as áreas de serviços, turismo e inteligência artificial. Há vários outros países com objetivos ambiciosos por alcançar.

Vale lembrar que a experiência dos países desenvolvidos, da Coreia do Sul e da China mostra claramente que "o motor de longo prazo para o crescimento é a mudança tecnológica" (Arthur Lewis), "a força propulsora de descobertas e inovações" (Paul Romer), a "destruição criadora" (Joseph Schumpeter). E que "a capacidade de um País elevar o padrão de vida de sua população ao longo do tempo depende quase inteiramente de sua produtividade" (Paul Krugman). Essa produtividade depende fundamentalmente da educação de qualidade, ali onde mais importa, que é nos anos iniciais de vida – quando é possível tentar reduzir as enormes desigualdades de oportunidade na partida, que estão na raiz de nossos níveis de pobreza, violência e desigualdade de renda e riqueza.

Em livro publicado em 1986 (*How the West Grew Rich*), Rosenberg e Birdzell sugerem que "poucos países em desenvolvimento, começando de longe, podem esperar recuperar o atraso em relação à dinâmica entrelaçada de tecnologia, produção industrial e crescimento econômico do Ocidente". Em sua opinião, "os países do terceiro mundo têm um potencial de crescimento muito substancial, (...) mas arranjos institucionais inadequados para a inovação, provavelmente, mais cedo ou mais tarde, limitarão o crescimento futuro".

A observação, velha de 40 anos, não é tão descabida quanto pode parecer à primeira vista. Afinal, foram relativamente poucos os países que nestes 40 anos conseguiram superar a chamada "armadilha de renda média". Edmar Bacha identificou uma dúzia deles. O Brasil tem condições de enfrentar com êxito esse desafio. Se formos capazes de não só anunciar objetivos desejáveis, mas também identificar os meios e os instrumentos para alcançá-los ao longo do tempo. Ao fazê-lo é que afloram com clareza os *trade-offs*, os conflitos de razão e de interesse, os custos, as difíceis escolhas e a inescapável definição de prioridades.

O mundo ficou mais perigoso nesta terceira década do século XXI. Como concluiu a matéria de *The Economist*, a corrida para tornar-se um País rico no século XXI será mais difícil e extenuante (*gruelling*, no original) do que aquela do século XX. O que não quer dizer que não haja oportunidades a serem exploradas por países que se organizam para tal – com visão de longo prazo.

2024 – 30 anos

Real e realidade[61]

Gustavo H. B. Franco

Estamos celebrando 30 anos do Real como a moeda nacional. O primado do Real. Há muito simbolismo aí.

A moeda é o equivalente universal. Nada comporta mais metáforas. A moeda é qualquer coisa que você quiser, diz Jorge Luis Borges. É, para ele, o tempo futuro, uma tarde flanando, a música de Brahms, a sua liberdade de escolher.

A cafetina entre a necessidade e o objeto, segundo Marx.

Agora, imagine uma moeda chamada Real.

Qualquer pessoa em 1993, como hoje, entenderia a ideia de "valor real". Era, e ainda é, o poder de compra. Nossa Constituição está repleta de passagens mencionando valores reais. Quem viveu a experiência da inflação alta sabe do que se trata.

As pessoas sabem muito bem "fazer a conta" sobre "valores reais". Não há déficit de "educação financeira" nesse tópico.

Quando, então, apareceu uma "unidade real", em fevereiro de 1994, todos compreenderam. Foi fácil batizar e ado-

---

61. Originalmente "Real e realidade, 30 anos", em *O Estado de S. Paulo* e *O Globo*, 28 jan. 2024.

tar o Real, e, ao fazê-lo, o País pôs fim a uma longa embriaguez na construção institucional da sua moeda.

Não fomos o único País a trocar as pernas configurando a sua moeda fiduciária. Mas talvez nenhum outro tenha se atrapalhado tanto, e por tanto tempo: 15 anos (1980-1994) com inflação média *mensal* de 16%.

É sempre bom recordar. Ainda que penoso. A lembrança da Cracolândia bem serve ao esforço de abstinência.

O Real conheceu seis presidentes nestes 30 anos: os do PT (Lula e Dilma) são levemente majoritários, pois ocuparam 50,5% do tempo (5.538 dias de 10.958).[62] FHC vem em seguida, com 26,7%; Bolsonaro, com 13,2%; Temer, com 7,8%; e Itamar Franco, com 1,7%.

A moeda nacional é de todos, e de cada um de nós.

O padrão monetário devia ser para sempre. Como a bandeira e o hino. São escolhas fundadoras, feitas geralmente quando a Nação se constitui. Mas cada País tem a sua História, cada uma de um jeito. A nossa é diferente: extrema e confusa, mas é nossa.

O orgulho pelo que temos hoje é do tamanho das dificuldades que tivemos de superar.

O Real é apenas cinco anos (e pouco) mais moço que a nossa Constituição.

Somos uma Nação jovem, cuja Carta fez 34 anos e já teve 132 emendas. A juventude é a reconstrução permanente, certo?

Essa mesma Constituição já conviveu com cinco padrões monetários diferentes. Nasceu com o Cruzado, introduzido

---

62. Entre 1º de julho de 1994 e 1º de julho de 2024.

em 1986. Em seguida, veio o Cruzado Novo (janeiro de 1989), o Cruzeiro (de março de 1990, no âmbito do Plano Collor, num arranjo que manteve as duas moedas, a nova e os Cruzados, aprisionados no porão) e, em meados de 1993, o Cruzeiro Real, logo antes de o País enfrentar o vexame de emitir uma cédula de um milhão.

Nenhum País sério emite uma cédula de um milhão.

Evitamos esse constrangimento com um truque bem conhecido, o de "cortar os zeros". Mais ou menos como trocar as fraldas do dinheiro.[63]

Mas o artificialismo do truque pode ser visto na Figura 1.[64] Ridículo. Um "anísio" (CR$ 1.000,00, com a imagem do educador Anísio Teixeira, seria equivalente a um trilhão de "cabrais" (Cr$ 1.000,00, com a efígie de nosso descobridor, na cédula que existiu ao menos até 1967).

Bem, em fevereiro de 1994, veio a URV, transformando-se no Real quatro meses depois, em 1º de julho. De novo, o País tinha duas moedas, na verdade uma e meia, dessa vez para consertar a bagunça.

Que História, essa nossa!

---

63. Conforme descrito no artigo "Sete batalhas", sobre os 15 anos do Real, na p. 112.

64. Ver Figura 1, na p. 65.

2024 – 30 anos

Os primeiros 400 dias de Lula III[65]
Pedro Malan

O Brasil foi descoberto no dia 21 de abril, "dois meses depois do Carnaval", dizia a marchinha que encantou foliões no Carnaval de 1934. Tudo, metaforicamente, ficaria para depois da grande festa nacional. Mas não foi assim este ano, em que ações da Polícia Federal ocuparam as primeiras páginas dos jornais, iluminando a importância de se elucidarem os eventos que levaram ao surreal 8 de janeiro de 2023. As rodas da economia e da política tampouco deixaram de girar, com Executivo e Congresso em estado de alta tensão por causa da disputa sobre fatias do Orçamento.

Foi numa virada de fevereiro para março, logo após o Carnaval de exatos 30 anos atrás, que o governo de então lançou a Unidade Real de Valor, a URV. Essa unidade de conta era o embrião da nova moeda, que chegaria quatro meses mais tarde sob o nome de Real e viria a se consolidar – esperemos – como a definitiva moeda nacional.

Neste início de fevereiro, o governo Lula completou seus primeiros 400 dias. Pode parecer pouco, mas o tempo da política não é igual ao tempo cronológico. Na política, como

---

65. Originalmente em *O Estado de S. Paulo*, 11 fev. 2024.

na guerra, dias podem valer semanas; semanas, meses; meses, anos. Foi também de 400 dias, por exemplo, o período decorrido entre o momento em que o presidente Itamar Franco nomeou FHC seu (quarto) ministro da Fazenda e o lançamento do Real. Aqueles 400 dias valeram por anos.

O governo Lula parece apostar que os efeitos dos seus primeiros 400 dias também se projetarão por anos à frente e contribuirão para seu (legítimo) projeto de permanecer no poder, vencendo as eleições de 2026. Vale lembrar outra marchinha dos Carnavais de outrora, "Recordar é viver" (de 1955), a propósito do programa Nova Indústria Brasil, anunciado no fim de janeiro.

O programa evoca três lembranças.

A primeira é uma declaração da então presidente Dilma Rousseff, dez anos atrás, a poucos meses das eleições. "Só em 2014 estão em construção ou contratados para serem construídos aqui, no Brasil, 18 plataformas, 28 sondas de perfuração e 43 navios-tanque (...). Graças à política de compras da Petrobras (...), renasceu uma indústria naval dinâmica e competitiva, que irá disputar o mercado com as maiores indústrias navais do mundo."[66] Quem é minimamente informado sabe no que deu.

A segunda lembrança é uma imperdível entrevista concedida por Bernardo Figueiredo,[67] por muitos anos braço direito de Dilma Rousseff para assuntos de infraestrutura.

---

66. Declarações que seriam amplamente noticiadas em 21 de abril de 2014, quando a então presidente repetiu essas informações.
67. Em *O Estado de S. Paulo*, 2 jan. 2013.

"Se a gente pegar os planos nacionais de logística de transporte e de logística portuária e outros estudos do governo, teremos de investir perto de R$ 400 bilhões em cinco anos. Vamos dizer que tenho de investir outros R$ 20 bilhões por ano para não gerar novo passivo e ser preventivo. Então, a necessidade de investimento seria de R$ 100 bilhões por ano. Resolvendo isso, posso dizer que em cinco anos não teríamos mais problemas de infraestrutura."

A terceira lembrança é também de uma entrevista ainda mais imperdível, porque reveladora do pensamento de Lula sobre a arte de governar.[68] "Tenho cobrado sistematicamente da Vale a construção de siderúrgicas no País. A Vale não pode se dar ao luxo de exportar apenas minério de ferro (...). Convoquei o Conselho da Petrobras para dizer: olha, este é um momento em que não se pode recuar. Que a Petrobras construa refinarias, estimule a construção de estaleiros (...). Este é o papel do governo (...). Não conheço ninguém que tenha a capacidade gerencial da Dilma."

A julgar pelos primeiros 400 dias de Lula III, o pensamento de 15 anos atrás perdura. "Se der superávit zero, ótimo, se não der, ótimo também."[69] O País está sendo informado de que haverá, simultaneamente, um Plano Trienal de Ação (2024-2026) e um Plano de Aceleração do Crescimento, o novo PAC. Em ambos há referências a metas aspiracionais cujo horizonte estende-se até um ponto não especificado nos anos 2030.

68. Em *Valor Econômico*, 17 set. 2009.
69. Declarações noticiadas em 8 de fevereiro de 2024.

Quando, como é nosso caso, o Estado já se sobrecarregou de obrigações que testam os limites de sua capacidade – de tributar, de gastar, de se endividar, de reformar, de gerir e de investir –, a realidade impõe, pelo lado da oferta doméstica, restrições a ambiciosos processos de expansão. E exige claras definições de prioridades. Porque, ao dispersar demais suas atividades, o Estado fica mais suscetível a ceder a interesses isolados, a persistir em promessas que não pode cumprir. A assumir metas e objetivos inalcançáveis que redundam em dívidas por equacionar. Principalmente quando receitas não recorrentes são utilizadas para financiar gastos que se tornam permanentes – e crescentes –, como vimos em experiências recentes.

Ao longo dos próximos três anos será fundamental, de maneira clara e crível, sinalizar para agentes econômicos que existe um sistema de regras de responsabilidade fiscal que representa compromisso firme em assegurar a sustentabilidade da trajetória das finanças públicas do País. Como temos nos regimes monetário e cambial e como ainda nos falta na área fiscal, a despeito dos esforços do ministro Fernando Haddad, contra intenso "fogo amigo". Porque uma política fiscal insustentável pode impedir o desenvolvimento econômico e social sustentado no longo prazo.

2024 – 30 anos

Para que não esqueçam a inflação[70]
Gustavo H. B. Franco

Ressurgiram recentemente as preocupações com a inflação e, ainda mais assustadoras, as "despreocupações" com a inflação, vale dizer, as mensagens pelas quais a inflação não é um problema assim tão sério. Um perigo.

Diante desse quadro, antes que seja tarde demais, me ocorre registrar algumas velhas e sábias lições de batalhas anteriores, antes que caiam no esquecimento.

Três lições me parecem particularmente importantes e permanentemente atuais. Não são as únicas, longe disso, mas o espaço é limitado, vamos focar:

1. A inflação não está obsoleta, não há imunidade decorrente de contágio nem cura no passado;
2. Não existe inflação do Bem, não há justificativa plausível para o uso de drogas pesadas que fazem mal à saúde; e
3. A inflação é uma doença da moeda. Nada a ver com o Tratado de Tordesilhas nem com as jabuticabas de que é feita a nossa identidade.

[70]. Originalmente em *O Estado de S. Paulo* e *O Globo*, 28 mar. 2021.

Sobre a primeira lição, a velha analogia com o alcoolismo continua válida: não existe cura, apenas abstinência. O organismo ficou estragado. A esse respeito vale o registro de testemunhas idôneas: o presidente do nosso Banco Central vai todos os meses a Basileia, simpática cidade na Suíça, no centro de uma fronteira tríplice com a França e a Itália, onde está localizado o Banco de Compensações Internacionais, entidade que congrega os principais bancos centrais do planeta, senta-se na roda entre seus pares de outros países e diz:

– Sou do Brasil, me chamo Roberto Campos Neto e estamos limpos há um quarto de século, prestes a completar 30 anos.

Ninguém nessa roda deixa de levar o depoimento muito a sério. Todos tiveram a sua adolescência monetária e sabem como funciona: você precisa lutar no espaço que vai até os 10% ao ano, pois daí para os 100% é só um empurrãozinho até a Cracolândia. Não se pode enganar quem conhece esse caminho.

A segunda lição, sempre atual, é a de que não existe inflação que favoreça o desenvolvimento ou que ajude a reduzir a pobreza e a desigualdade: a inflação é sempre o pior jeito de financiar qualquer gasto público, pois é um imposto sobre o pobre.

A sempre oblíqua defesa da inflação se expressa na acusação pela qual a "austeridade" (há grande esforço para importar esse vocábulo, a fim de ganhar apoios de observadores no exterior) é um passo na direção do "Estado Mínimo". Mas esse palavreado nunca "pegou". Até agora.

É fácil enxergar, em oposição, um Estado Obeso capturado por uma plêiade de parasitas e aproveitadores sempre às voltas com a proteção de seus espaços.

Pode parecer apenas uma cretinice imaginar políticas de combate à pobreza com recursos produzidos pela tributação do pobre, mas não é uma inconsistência inocente, e sim uma das muitas explicações para a obesidade do Estado.

Sobre a terceira lição, vale lembrar que as primeiras teorias sobre a inflação no Brasil eram como a cartografia primitiva: muito mais roteiros para a imaginação do que representações científicas e confiáveis da verdadeira geografia.

No decorrer do tempo, emergiram teorias imaginosas que tomavam emprestadas da engenharia duas palavras que mudariam para sempre a nossa maneira de olhar a inflação brasileira, que passava a ser "estrutural", ou "inercial", talvez as duas juntas!

Esse palavreado conferia uma charmosa complexidade ao fenômeno, que então deixava de pertencer às más intenções de governantes vigaristas utilizando-se da mágica de fabricar papel pintado, ou impulsos magnéticos, para pagar suas contas e passava ao domínio de criaturas temíveis, como os monstros que ilustravam os espaços vazios dos mapas de antigamente.

Esses dois tipos de inflação eram incuráveis. A "estrutural" nos levava a discutir a identidade nacional e os defeitos de fabricação, sobre os quais não há o que fazer. A "inercial" levava ao desafio de alterar o passado, eis que as determinações deste, através da indexação, seriam inexoráveis.

Nenhum desses dois tipos de inflação era fenômeno monetário, segundo se dizia. Em 1994, não obstante, acabamos com as duas inflações com uma reforma monetária.

2024 – 30 anos

EM BUSCA DO PAÍS REAL[71]
Edmar Bacha

Em 1974, escrevi uma fábula sobre o reino de Belíndia, mistura de Bélgica com Índia, um País em que o crescimento econômico beneficiava somente a parcela mais rica da população. Era uma alegoria sobre a natureza do crescimento do PIB brasileiro durante a ditadura militar.

Em 1984, quando da transição para a democracia, imaginei em nova fábula uma reunião de economistas no Sambódromo para discutir como dar fim à inflação no país dos contrários, em que tudo funcionava de trás para a frente, inclusive o próprio nome do país, Lisarb, e seu próximo presidente, Seven.

Após a redemocratização, Mario Henrique Simonsen cunhou o termo Banglabânia, mistura de Bangladesh com Albânia, para expressar sua preocupação com o risco de empobrecimento do país como consequência das tendências autárquicas e estatizantes da Constituição de 1988.

Em 1994, quando fui para o governo, Delfim Netto apresentou sua réplica à Belíndia, concebendo a Ingana, mistura de Inglaterra com Gana, para criticar o governo, que aumen-

71. Inédito.

tava os impostos como se estivesse num país europeu, enquanto oferecia serviços públicos de terceiro mundo.

As manifestações de rua de 2013 trouxeram à tona outra caracterização, que denominei de Rumala, triste combinação de Rússia com Guatemala: uma elite corrupta associada a uma alta taxa de criminalidade.

Como se não bastasse, ao promover a devastação da Amazônia e a ocupação pelo garimpo ilegal dos territórios indígenas, o governo de Bolsonaro me sugeriu criar Brasa, um país em chamas, completando essa peculiar lista.

Esses países imaginários designam males múltiplos presentes na atualidade brasileira: desigualdade, preços surreais, pobreza, introversão, estagnação, impostos sem contrapartida de serviços, corrupção e violência, ataques ao meio ambiente e aos povos originários.

Sombrios como parecem ser os tempos atuais, é preciso manter o senso de perspectiva. Em 2019, comemoramos 130 anos de República. Na transição do Império para a República, na última década do século XIX, o Brasil tinha apenas 14 milhões de habitantes, dos quais 82% eram ágrafos e apenas 10% viviam em áreas urbanas. A renda por habitante era pouco maior do que US$ 1 mil em preços de hoje. Atualmente, o Brasil tem 203 milhões de habitantes, com o analfabetismo reduzido a 6% da população adulta: uma população em sua imensa maioria urbana (85%), dispondo de uma renda anual por habitante da ordem de US$ 15 mil. São avanços inegáveis, mas que empalidecem quando comparados aos níveis mais altos de bem-estar dos países ricos.

Entre 1920 e 1980, o Brasil seguiu uma trajetória de alto crescimento e parecia destinado a se incorporar ao conjunto dos países mais avançados. Essa trajetória, entretanto, estancou-se na crise da dívida externa do início dos anos 1980, a qual gestou um processo de alta inflação de que só nos livramos com o Plano Real, em 1994.

Avaliando o Plano Real em 1997, três anos após sua implantação, celebrei o fato de ele ter sido bem-sucedido em baixar as taxas de inflação e mantê-las baixas. Mas observei que ainda era preciso produzir uma tendência econômica na qual o controle inflacionário se conjugasse com crescimento econômico sustentado e equilíbrio das contas externas.

O equilíbrio das contas externas pôde ser alcançado a partir da introdução, em 1999, do chamado tripé da política econômica: superávit primário no Orçamento do governo, câmbio flutuante e metas de inflação. Com a manutenção do tripé pelos governos do PT, a partir de 2003, e a ajuda do auge das *commodities* na primeira década do século XXI, o país conseguiu superar as crises de balanço de pagamentos da década de 1980. Isso ficou demonstrado no enfrentamento da crise financeira internacional de 2008, quando o governo pôde praticar uma política expansionista sem temer uma parada súbita na entrada de capitais externos.

O Plano Real permitiu, assim, abolir dois males históricos da economia brasileira: a alta inflação e as crises de balanço de pagamentos, que ainda hoje tanto atormentam a Argentina.

No entanto, afora curtos espasmos determinados pelo ciclo das *commodities*, o Brasil continuou a crescer a taxas muito baixas. Não se trata de fenômeno incomum. É conhecido como a armadilha da renda média na literatura internacional. Uma coisa é transitar da renda baixa para a renda média. Outra coisa é sair da renda média para alcançar o nível de renda dos países ricos.

No primeiro caso, com um módico de governabilidade, a mera migração da população do campo para a cidade gera o crescimento da produtividade necessário para levar o país à renda média. Daí para a frente, entretanto, somente substanciais reformas modernizadoras possibilitam a um país plenamente urbanizado como o Brasil obter os ganhos de produtividade necessários para transitar para altos níveis de renda *per capita* com distribuição de renda menos concentrada.

Tais reformas envolvem mudanças significativas em muitas políticas econômicas relacionadas, em especial, à forma como o Estado interfere no funcionamento dos mercados. De acordo com o relatório *The Growth Report*, patrocinado pelo Banco Mundial e de cuja confecção participei, os casos de sucesso de crescimento sustentado e desenvolvimento inclusivo desde 1940 possuem cinco características marcantes: (i) exploraram plenamente a economia mundial; (ii) mantiveram estabilidade macroeconômica; (iii) alcançaram altas taxas de poupança e investimento; (iv) permitiram que os mercados alocassem os recursos; e (v) tiveram governos comprometidos, críveis e capazes.

No topo dessa lista está a integração do país ao comércio internacional. Pois só assim as empresas locais ganham a escala, a tecnologia, a especialização e a concorrência necessárias para o contínuo aumento da produtividade. Há alguns anos, denominei a integração ao comércio internacional como a mãe de todas as reformas. Porque o acesso do país aos mercados mundiais, à diversidade de bens e serviços, às tecnologias, às ideias e às instituições dos países ricos geraria pressão da sociedade civil sobre o governo por maior eficiência das políticas públicas, especialmente da educação, e o combate à corrupção e à criminalidade.

Desde a Segunda Guerra Mundial, deixando de lado o caso peculiar dos países do Golfo Pérsico produtores de petróleo, identifiquei 12 países que conseguiram fazer a transição da renda média para a renda alta: Coreia do Sul, Hong Kong, Israel, Singapura e Taiwan (exportando bens industriais); Espanha, Grécia, Irlanda e Portugal (exportando serviços, inclusive mão de obra); e Austrália, Nova Zelândia e Noruega (exportando recursos naturais). Cada um de acordo com suas vantagens comparativas, todos integrados ao mundo. O Brasil segue isolado do comércio exterior.

Em números: a renda *per capita* mediana desses 12 países é de US$ 43 mil; a do Brasil, de US$ 15 mil. A parcela mediana do comércio exterior (soma das exportações e importações) no PIB desses países é de 75%; a do Brasil, de 27%. Além da abertura ao exterior, eles são razoavelmente igualitários e, com exceção de Coreia do Sul e Espanha, pequenos. A desigualdade de renda medida pelo índice de Gini mediano desses países é 0,36, enquanto o Gini do Brasil é 0,52.[72]

---

72. O índice de Gini mede a desigualdade da distribuição de renda, indo de zero (igualdade perfeita) a um (toda a renda concentrada em um indivíduo). Na prática, o índice de Gini vai de 0,25, na Suécia, a 0,63, na África do Sul.

Ou seja, ao contrário dos 12 países que ascenderam ao grupo dos ricos, o Brasil é um país grande, desigual e fechado. O Brasil se assemelha aos Estados Unidos nessas características, mas há uma importante qualificação: os Estados Unidos fizeram sua transição no século XIX, no fim do qual já eram um país rico para o padrão da época. Hoje dispõem de uma renda *per capita* quatro vezes maior do que a brasileira. A China, com uma renda *per capita* similar à do Brasil, faz sua transição em nossos dias. Grande como é, a China tem uma economia integrada ao comércio exterior.

Mantendo a unidade nacional, deveria ser possível desenvolver o país reformando os outros dois polos da trindade que nos distinguem dos casos de sucesso – a introversão e a desigualdade. Afinal, o tamanho do mercado interno poderia ser um trunfo para a abertura – uma plataforma para as empresas brasileiras se expandirem para o mercado externo. Entretanto, ele atualmente parece ser um impedimento, em consequência de uma política protecionista que explora com preços surreais os consumidores brasileiros e dá as costas para o mundo. Exemplo disso é o recém-anunciado programa Nova Indústria Brasil, com suas tarifas, requisitos de conteúdo nacional e preferências para compras governamentais.

O desafio é grande, quase um feito inusitado no mundo que conhecemos. Na virada do século XIX para o XX, países grandes como os Estados Unidos, o Japão e a Alemanha chegaram lá. Mas desde a Segunda Guerra não houve casos de países grandes que se tornaram ricos. México e Rússia ficaram no meio do caminho, como o Brasil. A Índia e a Indonésia ainda estão lá atrás em termos de renda *per capita*. A China já é uma potência econômica e nos alcançou em termos de renda *per capita*. Mas ainda tem pela frente o enorme desafio da democracia.

A democracia é o nosso grande trunfo, como demonstra o sucesso do Plano Real – exemplo maior da união da boa técnica com a Política com P maiúsculo. Nosso desafio é conseguir canalizar a força da democracia para a construção de um país rico, justo, sustentável e aberto ao mundo. Em face dos desatinos de Bolsonaro, dos equívocos de Lula, da voracidade do Centrão e do desmonte da Lava Jato pelo STF, é razoável duvidar da viabilidade dessa empreitada. Mas a busca por um país Real segue em frente.

Siglas usadas neste livro

Anbid Associação Nacional dos Bancos de Investimento
Anvisa Agência Nacional de Vigilância Sanitária
BCB Banco Central do Brasil
Banco de Compensações Internacionais
BNDES Banco Nacional de Desenvolvimento Econômico e Social
CDB Certificado de Depósito Bancário
CEF Caixa Econômica Federal
Cepal Comissão Econômica para a América Latina e o Caribe
Copom Comitê de Política Monetária
CPI Comissão Parlamentar de Inquérito
CUT Central Única dos Trabalhadores
DEM Democratas
Fifa Federação Internacional de Futebol
Fipe Fundação Instituto de Pesquisas Econômicas
FMI Fundo Monetário Internacional
FSE Fundo Social de Emergência
IBGE Instituto Brasileiro de Geografia e Estatística
IGPM Índice Geral de Preços do Mercado (FGV)
INSS Instituto Nacional do Seguro Social
IPC Índice de Preços ao Consumidor
IPCA Índice Nacional de Preços ao Consumidor Amplo
LDO Lei de Diretrizes Orçamentárias
MDB Movimento Democrático Brasileiro
MP Medida Provisória
Nafta Tratado Norte-Americano de Livre Comércio (North American Free Trade Agreement)

OECD Organização para a Cooperação e Desenvolvimento Econômico
PAC Programa de Aceleração do Crescimento
PEC Proposta de Emenda à Constituição
PFL Partido da Frente Liberal
PIB Produto Interno Bruto
Pisa Programa Internacional de Avaliação de Alunos
PMDB Partido do Movimento Democrático Brasileiro
PPS Partido Popular Socialista
Proer Programa de Estímulo à Reestruturação e ao Fortalecimento do Sistema Financeiro Nacional
Proes Programa de Incentivo à Redução do Setor Público Estadual na Atividade Bancária
PSDB Partido da Social Democracia Brasileira
PT Partido dos Trabalhadores
PUC Pontifícia Universidade Católica
Selic Sistema Especial de Liquidação e de Custódia
STF Supremo Tribunal Federal
TN Tesouro Nacional
UFRJ Universidade Federal do Rio de Janeiro
URV Unidade Real de Valor
USP Universidade de São Paulo

www.historiareal.intrinseca.com.br

1ª edição	JUNHO DE 2024
reimpressão	JULHO DE 2024
impressão	IMPRENSA DA FÉ
papel de miolo	PÓLEN NATURAL 80 G/M²
papel de capa	CARTÃO SUPREMO ALTA ALVURA 250 G/M²
tipografia	DANTE MT STD